教育部哲学社会科学研究普及读物项目

洪修平 著

# 中国特色的佛教文化

Chinese Buddhist Culture

江苏人民出版社

江苏凤凰美术出版社

**图书在版编目（CIP）数据**

中国特色的佛教文化/洪修平著.— 南京 ：江苏
人民出版社，2018.5
（教育部哲学社会科学研究普及读物）
ISBN 978-7-214-21874-2

Ⅰ.①中… Ⅱ.①洪… Ⅲ.①佛教-宗教文化-中国
-普及读物 Ⅳ.①B949.2-49

中国版本图书馆 CIP 数据核字（2018）第 063630 号

| | | |
|---|---|---|
| 书　　　名 | 中国特色的佛教文化 | |
| 著　　　者 | 洪修平 | |
| 责 任 编 辑 | 陆　扬　卞清波 | |
| 责 任 监 制 | 王列丹 | |
| 出 版 发 行 | 江苏人民出版社 | |
| | 江苏凤凰美术出版社 | |
| 出版社地址 | 南京市湖南路 1 号 A 楼，邮编：210009 | |
| 出版社网址 | http://www.jspph.com | |
| 照　　　排 | 江苏凤凰制版有限公司 | |
| 印　　　刷 | 江苏凤凰通达印刷有限公司 | |
| 开　　　本 | 890 毫米×1 240 毫米　1/32 | |
| 印　　　张 | 6.25　插页 2 | |
| 字　　　数 | 125 千字 | |
| 版　　　次 | 2018 年 5 月第 1 版　2018 年 5 月第 1 次印刷 | |
| 标 准 书 号 | ISBN 978-7-214-21874-2 | |
| 定　　　价 | 39.00 元 | |

（江苏人民出版社图书凡印装错误可向承印厂调换）

# 总　序

　　纵观党的历史，我党始终高度重视实践基础上的理论创新，坚持用理论创新成果武装全党，教育人民，引领前进方向，凝聚奋斗力量。七十多年前，著名的马克思主义哲学家艾思奇撰写的通俗著作《大众哲学》，引领一代又一代有志之士选择了正确的人生道路，影响了中国几代读者。

　　党的十八大以来，习近平总书记把握时代发展新要求，顺应人民群众新期待，提出了一系列新思想、新观点、新论断、新要求，这些推进理论创新的最新成果用朴实、生动的语言，以讲故事、举事例、摆事实的方式与人民同频共振、凝聚共识，增强了人民群众对中国特色社会主义理论体系的认同感和知晓度，凸显了当代中国马克思主义大众化、群众性的基本特征，成为新时期理论创新大众化的新典范。

　　高等学校学科齐全、人才密集、研究实力雄厚，是推进马克思主义中国化时代化大众化、普及传播党的理论创新成果的重要阵地。汇聚高校智慧，发挥高校优势，大力开展优秀成果普及推广，切实增强哲学社会科学话语权，是高校繁荣发展哲学社会科学的光荣任务、重大使命。

　　2012年，教育部启动实施了哲学社会科学研究普及读物项目。通过组织动员高校一流学者开展哲学社科学优秀成果普及转化，撰写一批观点正确、品质高端、通俗易懂的科学理论和人文社科知识普及读物，积极推进马克思主义大众化，阐释宣传党的路线方针政策，推广普及哲学社会科学最新理论创新成果，让中国特色社会主义理论体系和党的路线方针政策，更好地为广大群众掌握和实践，转化为推进改革开放和现代化建设的强大精神力量。与一般意义的学术研究和科普类读物相比，教育部设立的普及读物更侧重对党最新理论的宣传阐释，更强调学术创新成果的转化普及，更凸显"大师写小书"的理念，努力产出一批弘扬中国道路、中国精神、中国力量的精品力作。

实现中华民族伟大复兴的中国梦必将伴随着哲学社会科学的繁荣兴盛。我们将以高度的使命感和责任感，坚持学术追求与社会责任相统一，坚持正确方向，紧跟时代步伐，顺应实践要求，不断加快高校哲学社会科学创新体系建设，为不断增强中国特色社会主义道路自信、理论自信、制度自信，推动社会主义文化大发展大繁荣作出更大贡献！

教育部社会科学司

2014 年 4 月 10 日

# 目 录

# 前　言

　　佛教产生于古代印度,在两汉之际经西域传到中国内地后,即经历了一个不断中国化的过程。在中国社会历史条件的影响与制约下,在同中国传统思想文化的相互冲突与相互交融中,佛教逐渐发展成为中国的民族宗教,也形成了富有特色的中国佛教文化。

　　中国是一个地域广阔、历史悠久的国家,中华民族是个多民族的大家庭,不同民族有着不同的文化传统和社会习俗,因此,印度佛教传入中国后,受不同地域文化的影响,逐渐形成了汉传佛教、藏传佛教和云南傣族等地区的南传上座部佛教等三大佛教文化圈。佛教的中国化,从一定意义上说,也就是佛教的汉化、藏化和傣化。佛教在每一个文化圈中都形成了自己独特的历史和文化。中国佛教文化,既是印度佛教中国化的产物,又带有浓郁的中华民族文化的特色。在汉传佛教、藏传佛教和云南上座部佛教三大系中,汉传佛教是中国佛教的主体,而藏传佛教与云南上座部佛教的同时并存与交融对话,又使中国佛教文化具有鲜明的多元性与民族性特色。

　　佛教在中国传播发展了两千多年,与儒道共同构成了中华传统文化最重要的三大组成部分,因此,弘扬中华优秀传统文化,离不开对中国佛教文化之精华的继承和发扬。中国佛教文化内涵丰富,形式多样,其涵盖面几乎涉及中国的政治、经济、哲学、宗教、伦理、文学、史学、艺术、教育乃至民风民俗等社会文化的一切领域,对中华民族的发展以及民族心理、民族精神的铸就,都发生了并继续发生着广泛而深刻的影响。

一种文化现象的长期存在,自有其深刻的必然性。文化的内在精神和社会人生的需求是其依存的最重要条件。从中国佛教文化来看,其之所以绵延数千年而至今不绝,千百年来不仅对人们的思想和社会生活发生广泛而深刻的影响,而且在满足人们的精神需求方面也起过重要的作用,就在于它包含着一定的积极因素,对现实的社会人生具有一定的意义与价值。因此,了解中国佛教文化,发掘其中的精华,使之更好地为现代社会和人生服务,这也是我们今天传承发展中华优秀传统文化的题中应有之义。

2014年3月27日,习近平主席在联合国教科文组织总部的演讲中指出:"中华文明是在中国大地上产生的文明,也是同其他文明不断交流互鉴而形成的文明。"他特别提到了佛教:"佛教产生于古代印度,但传入中国后,经过长期演化,佛教同中国儒家文化和道家文化融合发展,最终形成了具有中国特色的佛教文化,给中国人的宗教信仰、哲学观念、文学艺术、礼仪习俗等留下了深刻影响。中国唐代玄奘西行取经,历尽磨难,体现的是中国人学习域外文化的坚韧精神。根据他的故事演绎的神话小说《西游记》,我想大家都知道。中国人根据中华文化发展了佛教思想,形成了独特的佛教理论，而且使佛教从中国传播到了日本、韩国、东南亚等地。"

　　中国特色的佛教文化，是中外文明交流互鉴的重要成果，是中华文明在同其他文明交流互鉴中不断发展、生生不息的生动体现，也是中华文明因交流而多彩，因互鉴而丰富的鲜活例证。本书将以中国特色佛教文化自身的发展为经，以其与别种文化形态的关系为纬，对中国佛教文化的印度之源，佛教在与儒道文化的融合发展中形成特色的历程，中国佛教文化的丰富内涵、主要特点和基本精神，中国佛教文化的对外交流与世界性贡献，以及中国特色的佛教文化在当代的意义和价值等，做一系统而又简明扼要的介绍，力求知识与智慧相结合，传统与现代相结合，学术与普及相结合。季羡林先生曾在《中华佛教史》的总序中说过："中国人民不管信佛教与不信佛教，都必须了解佛教的真相，这会大大地促进社会主义和谐社会的发展。在另一方面，也有利于世界各国对中国人民精神生活的了解。"希望本书能为读者全面了解丰富多彩的中国特色佛教文化提供方便。

# 第一章　中国佛教文化的印度之源

　　中国佛教之源在印度。佛教作为世界三大宗教之一，产生于古代印度，但兴盛在中国。佛教在没有传入中国之前，在印度已有了几百年的发展历史。印度佛教先后经历了原始佛教、部派佛教、大乘佛教和密教等不同的阶段。不同时期的佛教表现出了不同的特点，它们都对中国佛教文化的发展产生重要影响。中国佛教是印度佛教的种子在中土生根、开花、结果的产物。因此，为了更好地了解中国佛教文化的发展及其内涵和特点，有必要先追溯一下中国佛教文化的印度之源。

## 一、由王子到教主：佛教的创立

　　佛教的创始人释迦牟尼，姓乔达摩，名悉达多。释迦，是种族名；牟尼，是明珠，喻圣人。释迦牟尼是佛教徒对他的尊称，意为释迦族的圣人。释迦牟尼成道后，又被称为佛陀，或简称佛。佛陀，是梵文 Buddha 的音译，也译为浮屠、浮图、佛驮等，意译为觉或觉者。在佛教中，觉有三义：自觉、觉他、觉行圆满。三项俱全者方名为佛。在佛教创立的最初阶段，"佛"仅限于对释迦牟尼的尊称，后来，随着佛教的发展，除了指释迦牟尼之外，也泛指一切觉悟成道、觉行圆满者。

关于释迦牟尼，佛教中有许多传说，佛教研究者对释迦牟尼是神话人物还是历史人物也有过争论。但根据现有的资料，基本可以确认释迦牟尼是一个历史人物，后来被佛教徒逐渐神化。释迦牟尼的生卒年月，在南传佛教与北传佛教中有各种不同的说法，汉传佛教一般据相关记载，推算为公元前565—前485年，与中国的孔子差不多同时。

据传，释迦牟尼是古印度北部迦毗罗卫国（今尼泊尔南部）净饭王的儿子。其母摩耶夫人在临产前按当时的风俗回娘家分娩，路过蓝毗尼花园休息时生下了他。释迦牟尼生于四月八日，故这一天被佛教定为"佛诞节"。由于传说释迦牟尼诞生时有九条龙口吐香水洗浴佛身，据此，佛教徒每逢佛诞日都要以各种名香浸水灌洗佛像，举行"浴佛"活动，以纪念释迦牟尼的诞生，故"佛诞节"世称"浴佛节"。

释迦牟尼出生后7天，生母摩耶夫人就去世了，由姨母摩诃波阇波提夫人抚养。他天资聪颖，相貌端庄，自幼在宫廷里接受传统的婆罗门教育，还兼习兵法与武艺，是一个文武双全、智勇兼备的王子。净饭王对他的期望很大，立他为太子，希望他长大后能继承王位，成为一个统一天下的"转轮王"（古印度神话中的"圣王"，转"轮宝"而降伏四方）。但释迦牟尼本人却有感于社会现实和人世的无常，并不想继承父业，做一个政治上的统治者，而是关心并致力于探讨人生痛苦的原因以及摆脱痛苦获得解脱的途径与方法等一系列问题。

据说释迦牟尼在14岁那年曾驾车郊游，出东南西三门，分别见到了生老病死等人生的各种痛苦现象。后来出北门，遇见一位出家修道的沙门，听到了出家修道可以从生老病死的痛苦中解脱出来的道理。于是，他便萌发了出家修道的想法。为了阻止释迦牟尼出家，净饭王为他提供了各种各样的享乐条件，专门为他建造了豪华舒适的"寒、暑、温"三时宫殿，并在他16岁的时候为他娶了邻国公主、表妹耶输陀罗为妻。后生下一子名罗睺罗。但释迦牟尼并未因此而动摇出家的决心，在29岁时的一个夜晚，他毅然抛弃了宫廷的舒适生活，离开妻儿，一个人来到森林中，剃去须发，披上袈裟，走上了出家修行之路。

最初，释迦牟尼在摩揭陀一带寻师访道，修习禅定，后又在尼连禅河畔的树林中独修苦行，希望通过对自己身体的折磨而达到精神的解脱，坚持了6年，仍无所得，没有找到解脱之道。于是，他知道苦行无益，便放弃了苦行，到尼连禅河中去洗净了6年的积垢，并接受了一个牧女供养的乳糜，从而使身体得到了恢复。他走到附近的荜钵罗树下向东结跏趺坐，发下誓言，若不证得无上菩提（觉悟），决不起座。终于在一天夜里大彻大悟，洞察了宇宙人生的真正本质，获得了解脱，成了佛陀（觉悟者）。是年35岁。悟道之日据说是十二月八日，因而佛教定这一天为"成道节"。释迦牟尼成佛的地方，后来被称为佛陀伽耶或菩提伽耶，荜钵罗树则被称为菩提树。

释迦牟尼悟道成佛后，即开始向大众宣说自己证悟的真理，主要是四谛、八正道等法。最初听讲的有憍陈如等5人，他们成为释迦牟尼的最早弟子，初成僧团，地点在鹿野苑。

这次说法,佛教史上称之为"初转法轮"。"法轮"是对佛法的喻称,一是比喻佛法能摧破众生烦恼邪恶,如印度古代神话中的转轮王转动手中所持的"轮宝"摧破山岳岩石一样,另外也是比喻佛之说法,如车轮辗转不停。佛的"初转法轮",在佛教史上意义重大。因为构成佛教的三个重要因素,即佛教所谓的佛、法、僧"三宝"此时皆已具备,这标志着佛教的正式创立。而释迦牟尼也由世俗的王子成为了宗教的教主。

此后不久,释迦牟尼便到各地传教,先后收了舍利弗、目犍连和摩诃迦叶等人为弟子,并把他们上千的徒众也吸收到僧团中来。随着佛教影响的扩大,信徒越来越多。在王舍城,受到摩揭陀国频婆娑罗王及其子阿阇世王的皈依,在舍卫城,又受到拘萨罗国波斯匿王的皈依。当他回到故乡迦毗罗卫国时,他的同族兄弟阿难陀、阿那律以及他的儿子罗睺罗、姨母摩诃波阇波提等都皈依了佛教。

作为佛教创始人的释迦牟尼一生传道说法45年,足迹遍布恒河两岸。所到之处,他很少参与政治和世俗生活,一心讲道。他的弟子中间有国王与豪商,也有乞丐与妓女,人数众多,成员复杂。因此,释迦牟尼在世时就十分重视组织僧团,制定僧规。云游乞食,雨季安居,犯过忏悔和不杀、不盗、不邪淫、不妄语、不饮酒等,成为原始佛教的基本制度与戒律。

释迦牟尼在80岁那年,不幸身染恶疾,在末罗国的拘尸那迦城外的娑罗双树林间逝世。临终前,他还为婆罗门学者须跋陀罗说法,收他为最后一个弟子,可谓为佛教事业奋斗到了生命的最后一刻。释迦牟尼去世是在二月十五日,这一天后来被佛教徒尊为"涅槃节"。

释迦牟尼的出生地蓝毗尼、成佛之处菩提伽耶、初转法轮的鹿野苑以及涅槃地拘尸那迦，成为印度佛教的四大圣地。

## 二、沙门思潮与佛教的思想特点

佛教的创立和发展，佛教的基本思想和特点，都与当时的社会文化背景密切相关。释迦牟尼生活的年代，正值印度社会处于大动荡之时，阶级矛盾和民族矛盾十分尖锐。由中亚地区侵入的雅利安人长期压迫着被征服的土著民族，而雅利安人内部随着社会分工的发展也分化出不同的等级。当时印度普遍实行着种姓制度，将人分为四等：第一种姓为婆罗门，即掌握神权、主持祭祀的僧侣，他们自称是创造宇宙的主宰"梵天"的代表，以"人间之神"自居，地位最高，是当时一切知识的垄断者。第二种姓为刹帝利，即掌握军政大权的国王和武士，是世俗的统治者。这两种种姓构成了当时的统治阶级。第三种姓为吠舍，即农民、手工业者和商人等。第四种姓为首陀罗，即奴隶和从事"卑微"劳动的杂役，他们没有任何权利，地位最为低下。前三种姓均为雅利安人，首陀罗则是土著人。不同的种姓之间界限分明，不能通婚、交往，甚至不能共食、并坐，他们的社会地位、权利、义务和生活方式等都各不相同，而且世代相袭。后来，还出现了许多被排斥在种姓之外的所谓贱民，他们的地位更为卑贱，他们的人身和用过的东西都被认为是"龌龊"的，不得同其他种姓的人接触,因而又被称为"不可接触者"。随着国家机器的加强,刹帝利对婆罗门的特权和至上地位日益不满。居于第三等级的吠舍由于商业和手工业的发展,经济力量不断扩大,也要求提高自己的社会地位,并产生了参与政治的要求,因而既与刹帝利产生矛盾,又支持刹帝利削弱婆罗门的世袭特权。生活在社会最下层的首陀罗同其他种姓的矛盾就更是十分尖锐。

错综复杂的社会斗争必然反映到思想领域中来。佛陀时代,印度思想界十分活跃。总体上看,各种不同的观点主要可分为两大思潮,即正统的婆罗门思潮和新兴的反婆罗门思潮,后者一般通称为沙门思潮。

正统的婆罗门教源于公元前两千年印度古代的吠陀教,正式形成于公元前7世纪。它以《吠陀》为天书,主张吠陀天启、祭祀万能和婆罗门至上的三大纲领。它信仰多神,特别奉梵天、毗湿奴和湿婆为三大主神,认为他们是三相神(三神一体),分别代表宇宙的创造、护持和毁灭;同时又以"梵"为宇宙万物的最高主宰,认为"梵"从口里生出婆罗门,从肩部生出刹帝利,从腹部生出吠舍,从脚下生出首陀罗,因而四种姓的高下贵贱之区分是神圣不可改变的。它宣扬善恶报应、生死轮回等观念,认为人有不死的灵魂,可以根据现世的行为,即根据是否信奉婆罗门教并严格执行教法规定而于来世转变为不同的形态,或变为神,或转生为不同种姓的人,或转生为畜生乃至下地狱。它还主张祭祀祈福,修行以求解脱,认为人的灵魂本质上即是"梵",亲证"梵我同一",即可获得解脱。婆罗门教的信仰和教义从正反两方面对原始佛教特点的形成产生了深刻的影响。

当时的沙门思潮流派众多，佛经上有"九十六种外道"之说。比较有代表性的有六家，这六家学说观点虽然各不相同，但他们在反对吠陀的权威和婆罗门教的政治、思想统治方面则是一致的。佛教最初也是反婆罗门的沙门思潮之一，后为了表示与其他学说的不同而将佛教之外的学说称之为"外道"，有代表性的六家则被称为"六师外道"或"外道六师"。

作为当时沙门思潮的一种，佛教是以反对婆罗门教的姿态登上历史舞台的，因此，它对婆罗门教的许多主张都采取了批判的态度，对六师学说也表示反对，正是在与婆罗门教和其他各种学说的斗争中（同时也吸取了它们的某些思想成分），佛教创立了自己的思想学说，形成了自己的基本特点。其显著特点主要表现在：

第一，将"缘起论"和"无我说"作为其全部思想学说的理论基础，以反对婆罗门教关于有万能的造物主（大梵天）和不死的灵魂（神我）的说教。佛教的缘起论认为，一切事物或现象的生起，都是因缘（条件）的和合，"缘合则起，缘散则离"，没有独立自存的实体或主宰者。所谓"无我"的"我"，指的就是起主宰作用的精神主体或灵魂。"无我"，即对"我"的否定。佛教以缘起论来反驳婆罗门教的神创论，并把坚持无我视为它区别于各种"外道"的主要标志之一。

第二，重视对人生问题的探讨，重视对人的解脱的实际追求而不重视对抽象哲理的研究。释迦牟尼有感于现实人生的种种痛苦而致力于追求永超苦海的极乐。他在菩提树下证悟的宇宙人生真谛就是用缘起论来分析生老病死等人生现象,说明人生无常,一切皆苦,揭示了人生痛苦的原因以及摆脱痛苦的途径、方法和境界,强调了通过宗教实践获得人生解脱的重要性与迫切性。对于有关世界的本体等抽象的哲学问题,释迦牟尼一般都采取了回避的态度,认为应该把这些问题悬置起来,先解决最迫切的摆脱现实痛苦的人生问题。著名的"十四无记"和"箭喻"等,都反映了佛教的这一基本特点。

"十四无记"是释迦牟尼对外道提出的世间常抑或无常、世间有边抑或无边等十四个问题皆"不为记说"或回答"无记"(即不置可否、不作明确的肯定或否定的回答)。"箭喻"则是释迦牟尼说的一个譬喻,他把生活在现实痛苦中的人与中毒箭者相比拟。他认为,一个中了毒箭的人如果不是抓紧时间拔箭治伤,而是先要去探讨箭的颜色、质料和制作箭者的姓名、籍贯、长相等等,那么,不待他弄清这些问题,他也许早就命终了。现实苦难中的人也是如此,如果他执著于先去探讨世间的有常无常等形而上的问题而不勤修佛道以求超脱人生苦海,那也就像中毒箭者一样愚蠢了。佛教这种重人生问题和人的解脱的基本精神后来有进一步的发展,但更多的却是从思辨哲理方面被抽象地加以发挥了。而这种精神在重视现实人生问题的中国传统文化的氛围中却获得了新的生命力,得到了长足的发展。

第三,重人的解脱,突出智慧的作用,最终又把人的解脱归结为心的解脱。佛教追求的目标是解脱,这种解脱是一种"智慧解脱",释迦牟尼当年就是在菩提树下证得了无上智慧，从而解脱成佛的。"佛"就是"觉"的意思，成佛就是成为"觉者"。这种对"慧解脱"的强调成为佛教的一大特色。在佛教创立之初，佛陀只是被视为一个觉悟者，他仍然是人而不是神，他与常人的不同只在于他品格伟大，智慧超人。由于佛教解脱的重点乃是落实在无上菩提的获得，而这实际上是实现一种主观认识的转变，是一种内在精神上的解脱，古人又往往以"心"代指主观精神，因此，"心"便被视为是解脱的主体，佛教的解脱最终也就归结到了"心"的解脱。这种把人的解脱归结为"心"的解脱的特点，与中国传统文化中的儒家重人的内在精神的提升和道家追求人的精神的逍遥自由有相契合之处，从而提供了印度佛教文化与中国传统文化相融互补的重要契机。

　　第四，主张"中道观"和"种姓平等观"。这两种观点都是佛教在同婆罗门教和各种"外道"的斗争中提出来的。"中道"最初是就解脱的方法而言的。当时印度社会中流行着纵欲享乐和极端苦行两种修道主张。释迦牟尼根据自己修道的实际经历，认为享乐和苦行是两种过分的极端行为，既不足学，也不足行，若依此修行，根本不可能实现解脱的目标，只有"离此二边取中道"，即采用不偏不倚的合乎"中道"的修行方法，才能达到涅槃的解脱圣境。这种不偏不倚的合乎"中道"的修行方法，以平和的态度回归自心以求主体精神的根本转变，挺立出了佛教与众不同的特质，并因此而增强了它的社会适应性，使之易为各种不同的人所接受，这也是佛教创立以后很快得到广泛传播的重要原因之一。"中道"后也发展成为佛学的重要思想和方法论基础。

在解脱的可能性上，按照婆罗门教的种姓说，人区分为四种种姓是神的意志，因而是不可改变的，四种姓中只有婆罗门、刹帝利和吠舍这三个种姓才有资格信奉宗教，礼拜神灵，通过修行而获得解脱，第四首陀罗种姓则无权拜神和礼诵吠陀，不可能得到解脱。佛教创立以后，反对并驳斥了婆罗门教的神创理论，认为种姓的区分不是先天的而是后天的，应该以人的德行而不应以人的出身来划分种姓。佛教主张种姓之间的平等，特别强调各个种姓在信奉佛教追求宗教解脱中的平等。在当时的印度社会中，佛教打出"种姓平等"的旗号，得到了除婆罗门之外大多数人的支持，这是它很快兴盛发展起来的又一重要原因。

## 三、印度佛教的分化与发展

佛陀及其弟子所传的佛教，现在一般称作原始佛教。从历史上看，释迦牟尼逝世后的一百年间，佛教教团还比较统一，佛教教义与佛教徒的修行生活也没有出现重大的分歧与差异。随着时间的推移和佛教的发展，统一的佛教教团开始出现了分裂。继原始佛教之后，印度佛教的发展又相继经历了部派佛教、大乘佛教和密教等不同的时期。公元 12 世纪，由于伊斯兰教的入侵等多方面的原因，佛教在印度本土趋于绝灭。直到公元 19 世纪末，佛教才重新由斯里兰卡传入，但它与印度原来的佛教已有很大的差异。

由于释迦牟尼在世时只是口头说法，并无文字记载，弟子们所闻所记，难免各有差异。为了纯洁教义，维护教团的团结和戒律的统一，据说在释迦牟尼逝世的当年，曾由大弟子迦叶召集五百名比丘在王舍城附近的七叶岩毕波罗窟集会，共同忆诵佛说。这就是佛教史上的"第一次结集"，又称"五百结集"或"王舍城结集"。在这次结集会上，佛陀的大弟子阿难和优婆离分别根据记忆诵出经、律二藏，得到了大家的认可，确定了现存最早的佛教经典《阿含经》的基本内容，主要是关于四谛、五蕴、八正道、十二因缘等原始佛教基本教义的论述。这部分内容至部派佛教形成前后被系统整理，约在公元前 1 世纪左右写成文字，行文乃以"如是我闻"为开卷语，此格式为以后一切佛经所沿用。据说当时佛陀的弟子们对戒律等也有过小的争论，这些争论为印度佛教后来出现的分裂埋下了伏笔。

佛教第一次结集以后，长老们分别率领徒众到各地去行化，师徒相传，逐渐形成了不同的系统。随着时间的推移和各个系统所处的社会条件、文化传统和地理环境等的不同，各系所传的教理和所遵奉的戒律也逐渐出现了差异。后来终于导致了佛教的分裂。最初分为上座部和大众部两大派，史称佛教的"根本分裂"。上座部是一些长老的主张，比较保守，强调维持现状，属于正统派；大众部是众多僧侣的主张，思想倾向自由进步，比较强调改革和发展。这两大派后来又继续发生多次分裂，史称"枝末分裂"，形成的派别有 18 部（南传说）或 20 部（北传说）之多。这个时期的佛教，统称部派佛教。

统一佛教分裂的时间和原因，有许多不同的说法。一般认为，公开分裂是从释迦牟尼逝世后 100 年左右的"第二次结集"开始的。这次结集有七百人参加,地点在印度东部的毗舍离。分裂的原因,南传佛教认为主要是对戒律的看法有分歧,北传佛教则认为主要是对教理有不同的看法。从实际情况来看,佛教的分裂,除了因为佛陀口传的教理戒律经弟子辗转相传会出现差异之外,与佛教本身为了适应社会条件的变化而作出某些变革以求生存和发展也有很大的关系。例如当时的印度东部地区经济比较发达,佛教徒已开始有了自己的私有财产,佛教变革原有的不蓄金银钱财、僧团财产共有等戒条,正是为了求得在这些地区的广泛传播与发展。同样,佛教开始神化佛陀,创造出许多有关佛陀的神话,这也是为了更好地适应广大民众的心理需要以求吸引更多的信徒。

部派佛教一般对原始佛教的根本教义仍然是坚持的,但在许多宗教问题的理解上却有很大的分歧,除了表现在对某些戒律的看法不同而导致宗教实践方面的差异之外,还突出地表现在对佛陀的不同看法以及对业报轮回的主体与宇宙万物的实有、假有等问题的讨论上。

关于佛陀,上座部一般坚持原始佛教的看法,即认为他是一个历史人物而不是神,大众部则开始出现把佛陀神化的倾向,认为佛陀具有无限量的寿命和无边的法力,具有"三十二相"、"八十种好"等特殊的相状,是神通广大、超自然的神,历史上的佛陀并不是佛的真身,而是为了在世间教化众生方便所显的肉身。大众部的这些说法,在大乘佛教中有进一步的发展。

关于业报轮回的主体,原始佛教主张的"无我"说与业报轮回说之间如何一致起来？对此，部派佛教曾展开过激烈的争论。多数部派都通过种种途径提出了变相的"我"或"灵魂"来试图解决原始佛教"无我"与业报轮回主体之间存在的问题。

关于心性及其解脱问题，原始佛教虽已有把解脱归为"心"的解脱的倾向，但尚未从理论上作专门的发挥，部派佛教则围绕着心的解脱，对心性的净染提出了许多不同的观点，展开了许多争论，这直接影响到了大乘心性学说的形成与发展，对中国佛教的影响也是巨大而深刻的。

关于宇宙万物的实有假有问题，原始佛教比较注重对人生现象的分析，而部派佛教则逐渐由侧重人生哲学而扩大到了整个宇宙观。一般说来，大众部各派一般比较偏重说"空"，因而其理论对大乘空宗的影响比较大；而上座部各派比较偏重说"有"，因而其理论则更多地为大乘有宗所继承。

大乘佛教的正式形成一般认为是在公元 1 世纪左右，其发展大致经历了由龙树、提婆所创立的中观学派为代表的初期大乘（1—5 世纪），由无著、世亲所创立的瑜伽行派为代表的中期大乘（5—6 世纪），以及密教流行的后期大乘（7—12 世纪）三个阶段。

"乘"，梵文 yāna 的意译，音译为"衍那"，原意为"乘载"或"车辆"，也有"道路"的意思。大乘佛教兴起后，自称能运载无量众生从生死轮回之此岸到达涅槃解脱之彼岸，故称大乘，而把原始佛教和部派佛教贬为小乘，认为那是佛陀为小根器的人所说的教法。原有的佛教则并不承认自己是什么小乘，他们不但认为自己是佛教的正统，而且指责大乘非佛说，认为大乘佛教教义是杜撰的。

大小乘佛教在宗教信仰、宗教理论和宗教实践等方面都存在着一定的差异。例如在佛陀观上，小乘佛教将佛陀视为人间的尊者，大乘佛教则将佛陀描绘为神通广大、全智全能的神。在修行目标上，小乘佛教偏重于个人的解脱，大乘佛教则致力于普度众生。在修持内容上，小乘佛教一般主张修"三学"、"八正道"，大乘佛教则提倡兼修"六度"。在理论学说方面，小乘佛教一般比较拘泥于佛说，大乘佛教则比较注重依据社会和人生的需要而对佛说加以自由的解释和发挥，并形成了更多的经典佛书。

大乘佛教的出现，是继部派佛教之后佛教内部的又一次大分化，也是印度佛教最大的一次分裂。一般认为，大乘佛教是伴随着大乘经典的出现而产生的。初期大乘经典出现并流行了一个时期以后，就有学者出来对众多的经典加以整理和研究，并据以组织学说思想体系，于是便有了大乘佛教基本派别之一的中观学派。

中观学派是由龙树（约150—250年）及其弟子提婆（约170—270年）创立的，因其在理论上坚持不执著有、无二边的"中道"而得名。由于该学派的基本思想是"一切皆空"，因而又被称之为"大乘空宗"。

继中观学派之后，又有瑜伽行派出现。瑜伽行派与中观学派并称为印度大乘佛教的两大派别，它的实际创始人是无著（约395—470年）和世亲（约400—480年）。大乘瑜伽行派因强调瑜伽的修行方法而得名，又因其在理论上主张"万法唯识"、"识有境无"而被称之为"大乘有宗"。

另外值得一提的是,在中观学派之后,印度还出现了以《大般涅槃经》为代表的宣说一切众生皆有佛性、皆可成佛的大乘经典。这些经典所宣扬的佛性、如来藏思想因与佛教的基本教义"无我说"不相合而在印度未能得到广泛流传并发生很大影响,它很快就被无著、世亲的唯识学所代替,但这种思想传到中国后却受到了中土人士的欢迎,后成为中国化佛学的主流。这是由中印两种不同的社会文化背景所决定的。

大乘佛教发展到公元 7 世纪时,随着密教的兴起,各派开始接近且趋于融合,并逐渐向密教化方向发展。公元 10 世纪以后,大乘佛教名存实亡,完全融于密教之中,成为密教的附庸。

印度佛教发展的最后一个阶段是密教流行时期。一般认为,密教开始于公元 6 至 7 世纪。当时,曾经一度衰落的印度婆罗门教在公元 4 世纪前后吸收了大量的民间信仰,融合了佛教、耆那教甚至希腊、罗马宗教的思想内容而演化成的新婆罗门教即印度教,在印度广大地区取得了统治地位。佛教在印度教的影响下,逐渐出现了密教派别。印度教的许多宗教仪式与信仰方式都为密教所吸收。公元 8 世纪以后,密教在印度佛教中取得了主导地位。密教后来传入我国,在唐代时形成了中国佛教宗派"密宗",并由中国传至日本,称"真言宗"。密教也由印度直接传到了我国的西藏地区,形成了"藏密"。

密教是大乘佛教、印度教和民间信仰相结合的产物,它以高度组织化的咒术、仪礼、民间信仰为主要特征。密教的仪规行法极为复杂,对设坛、供养、诵咒、灌顶(入教或传法仪式)等,都有严格的规定,需要导师(阿阇梨)秘密传授。约在公元 8 世纪后半叶,密教开始出现分化并俗化,后逐渐融入印度教之中。

佛教在印度流传了 1500 多年,从 10 世纪开始急剧衰落,至 13 世纪初而在印度绝迹。直到 600 多年以后的 19 世纪,佛教才由斯里兰卡重新传入印度。

## 四、佛教向外传播走向世界

释迦牟尼在世时,佛教主要在恒河中上游一带传播。释迦牟尼去世后,他的弟子逐渐把佛教传到了东部的恒河下游,南部的高达维利河畔,西部的阿拉伯海岸,北部的泰义尸罗地区。印度佛教由南亚次大陆向其他国家和地区的传播,大约是从公元前 3 世纪孔雀王朝的阿育王统治时期开始的,在公元 1、2 世纪贵霜王朝时期,佛教进一步走向世界,成为名副其实的世界性宗教。

佛教的走向世界最初是与阿育王的名字联系在一起的。阿育王为印度摩揭陀国孔雀王朝创始人旃陀罗笈多之孙,是佛教史上有名的保护佛教的国王,被佛教徒尊为"法阿育王"。相传他杀兄修斯摩后即位,兴师征服了羯陵伽国,除半岛南端之外,统一了全印度,建立了印度历史上第一个辐员广大的统一帝国。他起初并不信佛,后因对战争的大屠杀感到痛悔而皈依了佛教,并立佛教为国教。显然,阿育王的信佛还具有借用宗教来维系世俗统治的意图,他在征战中已经意识到,光靠武力的征服是远远不够的,只有"正法"的征服才是真正的征服。为此,他在战后不久便开始推行"正法"统治。他对"正法"的解释是:为善去恶,节制欲望,慈悲施舍,戒除杀生,服从并维护社会等级制度。为了实现"正法"统治,巩固统一成果,阿育王经常派"正法大官"到各地去巡视,并在全印境内广建寺塔,推行佛教。据传他在位期间(公元前273—前232年)曾建立了八万四千座佛舍利塔。他在全国颁布敕令和教谕,刻制于摩崖和石柱,名为"法敕"。他还亲自朝拜佛教圣地,到处立柱纪念。现已有不少雕制精美的阿育王时代的遗存被发现。

据有关记载,为了统一信仰和教规,并清除混入佛教僧团的异教徒,阿育王曾在即位后的第17年邀请目犍连子帝须为上座,在华氏城召集主持了佛教的"第三次结集",有上千比丘参加。在这次会上,重新会诵并整理了《阿含经》,使这部古老的佛经最后定型。这次结集以后,阿育王派出大批比丘到各地去传教,足迹所至,不仅遍及全印,而且东至缅甸,南及斯里兰卡,西到叙利亚、埃及、希腊等地。佛教逐渐发展成为世界性的宗教。

佛教在贵霜王朝兴起以后得到了进一步的传播与发展,特别是在第三代国王迦腻色迦王(约78—120年,一说144—170年,或说129—152年)的大力推动下,佛教不仅传到了伊朗和中亚各地,而且经丝绸之路传到了我国内地,后又由我国传至朝鲜、日本等国。贵霜王朝是由外族大月氏人在印度建立起来的,至迦腻色迦王时代达到了它的顶峰,疆域西起咸海,东连葱岭(帕米尔高原),北有康居,南包印度河和恒河流域。大月氏人大约在公元前1世纪时已信奉佛教,公元前

2年有大月氏王使伊存口授《浮屠经》给我国的博士弟子,是为中国内地传入佛教的最早记载。迦腻色迦王是与阿育王齐名的佛教护法名王,据说本来也并不信佛,可能是出于缓和与印度民族的矛盾等原因而皈依了当地的佛教。据《大唐西域记》等记载,由于当时佛教分裂,歧说纷纭,迦腻色迦王曾召集五百比丘于迦湿弥罗(今克什米尔)举行了佛教的"第四次结集",由世友为上座,对经、律、论三藏进行注释,共作论释30万颂,960万言,迦腻色迦王以赤铜为鍱,镂写论文,用石函缄封,建塔藏于其中。迦腻色迦王还效法阿育王,不仅在国内各地建立了许多寺院佛塔,而且鼓励佛教向外发展,促进了佛教在世界各地的传播。公元2世纪下半叶,西域一些译经师陆续来到中国,译出大量佛典,推动了佛教在中国的传播与发展。我国最早翻译佛教大乘经典的支娄迦谶,就是来自月氏国。

印度佛教的向外传播,一般认为大致有南北两条路线。北传又可分为两条途径:一条是从印度北部的乾陀罗开始,越过阿富汗中部的兴都库什山和帕米尔高原,进入我国新疆地区,并进而传至我国内地,再经由中国传入朝鲜、日本和越南等国;另一条是由中印度直接向北传入尼泊尔,越过喜马拉雅山而进入我国的西藏地区,形成了藏传佛教,再由西藏传入我国内地和蒙古、俄国西伯利亚等地区。南传则首先传入斯里兰卡,再由斯里兰卡传入缅甸、泰国、柬埔寨、老挝、马来西亚、印度尼西亚等国,以及我国云南少数民族地区。

南北二传佛教在经典、教义和修行活动等方面都有不同的特色。北传佛教以大乘为主,其经典大多是从中亚诸民族的文字和印度的梵文陆续翻译为汉文和藏文的。近年来,部分汉译大乘佛典又被译成了日文。北传佛教比较偏重对佛法大义的领悟和发挥,注意与传播地区不同的思想文化相结合。例如传至中国,与中华传统文化相融合而形成了中国佛教。南传佛教主要是小乘佛教,现在一般称上座部佛教,故又称"南传上座部",其教义比较接近原始佛教,经典用巴利文编成。南传佛教比较注重原始佛教的精神或教义,对佛典的解释比较强调文字依据。在宗教信仰方面崇拜佛牙、佛塔和菩提树等,在宗教修持上特别注重禅定修习,并保持了早期佛教的某些戒律,如托钵化缘、过午不食、雨季安居等早期佛教戒律。南传佛教传入中国云南少数民族地区后,也形成了一些独特的民族风情。

印度佛教走出亚洲,真正在在全世界范围内传播并产生广泛影响,是从 19 世纪中叶开始的。虽然早在公元前 3 世纪,阿育王就曾派出传教师远至希腊属地传教,但佛教在相当长的时期内主要流传在亚洲的范围以内,直至近代随着西方殖民主义在亚洲的活动才开始引起西方世界的重视。佛教在欧美地区的传播是近一个多世纪以来的事。首先是在英国、法国等西欧国家,接着是在美国,并由美国北向加拿大、南向巴西和阿根廷等地传播。目前,在许多国家都有全国性的佛教组织和佛学研究机构。佛教一向与基督教、伊斯兰教并称为世界三大宗教,现在名副其实地传遍了全世界。

# 第二章　中国佛教文化特色的形成之流

　　佛教在印度趋于衰落并一度绝迹,但通过不同途径传到中国的佛教,却绵延发展两千多年而至今不衰,并对中国社会与文化产生着广泛而深远的影响。佛教传入中国以后,一方面为了适应中国社会与文化的需要而不断改变着自己,走上了一个不断中国化的道路;另一方面,它又以其独特的形式与内容为中国传统思想文化注入了新的活力,在与传统思想文化的相互冲突中不断地相互融合渗透,最终与传统儒、道并驾齐驱,成为中华传统思想文化的三大基本组成部分之一。

## 一、佛教初传与中印文化的最初碰撞

　　关于佛教何时初传中国,历来传说纷纭。其中有不少是后来佛教徒的穿凿附会,尤其是魏晋以后,佛教与道教为了争优劣高下,各自都编造了许多假说以争先后。需要注意的是,这里所说的初传,是指佛教传入我国内地中原一带。实际上,印度佛教至少在公元前1世纪左右就向北经大夏、大月氏等国,再东逾葱岭而传到了我国西北部的龟兹(今新疆库车)、于阗(今新疆和田)等地区,并由这些地区进一步向中国内地传播。

在中国历史上，影响最大的是"汉明感梦、永平传法"的说法。说的是东汉永平年间，汉明帝晚上做了个梦，"梦见神人，身有日光，飞在殿前，欣然悦之"。第二天，他"博问群臣，此为何神？"有人告诉他："天竺有得道者，号之曰佛，飞行虚空，身有日光，殆将其神也。"于是，汉明帝便派遣使者张骞等西行求法，数年而归。据说当时用白马驮来了经书佛像，译出了号称中国第一部汉译佛典的《四十二章经》，洛阳的白马寺也由此而得名。这些说法虽有夸张的成份，有的甚至富有神话色彩，但其中所反映的汉明帝遣使求法的基本情节则是可能有的事实。不过，这并不能说就是佛教传入之始。《后汉书·楚王英传》中还有一段对光武帝之子楚王刘英奉佛的记载：永平八年时，楚王刘英在他的领地与沙门、居士一起奉佛，还"洁斋三月，与神为誓"，人们并没有对此感到有什么特别的惊奇，汉明帝还对此加以褒奖。这说明，佛教至少在永平八年（65 年）时已有了一定的流传，并在上层社会产生了一定的影响，显然，佛教的传入应该已经有了一段时间。

另外，史书上还有记载说，汉哀帝元寿元年（公元前 2 年），有大月氏王使伊存口授《浮屠经》，从当时佛教的传播和中西之间的交往等历史情况来看，这一记载也是比较可信的。虽然由于缺乏其他资料对此无从详考，但目前学术界和佛教界一般以此为佛教传入中国内地的标志性事件。

因此，根据现有的材料，虽不能断定佛教传入中国内地的确切时间，但把佛教的初传定在两汉之际还是有根据的，也是比较恰当的。

佛教传入中国内地的路线，大致可分为海、陆二路。陆路即由西域各地经著名的"丝绸之路"而传入，它又分为南北两道。南道是指自敦煌西出玉门、阳关，沿昆仑山北麓，经于阗而至莎车。北道是指从敦煌北上到伊吾（今新疆哈密），然后西行，沿天山南麓，经龟兹而至疏勒（今新疆喀什市）。以上两道都在天山南侧，因而又统称天山南路。海路的开辟一般认为比陆路晚些，直到南北朝时才有译经大师经海路来到中国的记载。海路是指经由斯里兰卡、爪哇、马来半岛、越南而至广州，再进一步传到内地。

佛教自两汉之际传至中国内地后，在相当长一个时期内，发展极其缓慢。最初，它只是被当作黄老神仙方术的一种而在皇室及贵族上层中间流传，一般百姓很少接触，基本没有汉人出家为僧，少量的佛寺主要是为了满足来华的西域僧人居住和过宗教生活的需要。到东汉末年，佛教开始在社会上有进一步的流传。随着西域来华僧人的增多，译经事业日趋兴盛，大小乘佛教都于此时传到中国，流传下来的佛教史料也逐渐丰富起来。

从总体上看，佛教在汉代并没有以它那一套繁琐的思辨理论取胜，而是依附于黄老方术等得以流传的。这与当时中土的社会文化环境密切相关。在佛教来华之时，正值中土神仙方术盛行之际，人们把佛教理解为是黄老神仙方术的一种，往往把黄老与浮屠（佛陀的异译）并提，《后汉书》中说楚王刘英"诵黄老之微言，尚浮屠之仁祠"，"晚节更喜黄老，学为浮屠，斋戒祭祀"，便是这种情况的最早记载。这一方面是由于人们对外来的佛教缺乏了解，难免以自己固有的眼光去看待一种外来的文化现象,另一方面也与初来乍到的佛教有意迎合并依附中土的黄老方术有关。黄老,最初是先秦道家的一个流派,称黄老之学,尊黄帝和老子为创始人,起于战国而盛于西汉。黄帝乃是传说中人物,后被方士、道士尊奉为神,将神仙思想与之相附。而老庄道家思想中除了"清静无为"之外,也始终存在着神仙家思想,例如《庄子》中描绘藐姑射山的神人等等。这些都为以后的神仙家所吸收。到东汉时,黄老已与社会上流行的道术和谶纬迷信合流,成了神仙方术的代称。因此,早期佛教对黄老的依附,更直接地表现为对神仙术的迎合。例如,《四十二章经》的序中就把佛描绘成为"身体有金色,项有日光"、"轻举能飞"的"神人"。这些说法自然容易使人把佛教理解为与当时社会上流行的神仙方术相通,而忘记它是外来的宗教,从而日益受到人们的重视,并受到那些一心想追求长生不老、羽化成仙的统治者的欢迎。当时"宫中立黄老浮屠之祠",把黄老与浮屠并行祭祀,向佛陀祈求福祥,这也就毫不奇怪了。

为了迎合社会上流行的神仙方术,早期来华传教的僧人也往往借助于一些道术医方来拉拢信徒,扩大影响。据说最早来华的译经大师安世高就是"七曜五行之象,风角云物之占,推步盈缩,悉穷其变。兼洞晓医术,妙善针脉,睹色知病,投药必济,乃至鸟兽鸣呼,闻声知心"。这样一位精于各种方技者,恐怕连中土的方士也要自叹弗如。

正是在这样的背景下,出现了所谓的"老子化胡说"。早在《后汉书》中就记载了"或言老子入夷狄为浮屠"的说法。"老子化胡说"后来在佛道之争中被道教徒利用来攻击、贬低佛教,特别是西晋道士王浮造《老子化胡经》以后,此说一直被道教徒渲染着,说老子西涉流沙,入天竺为佛,化导胡人,释迦牟尼是其弟子,佛教的地位当然就低于道教。但"老子化胡说"的最早提出,却具有调和佛道的意向,即认为佛道本质上是一致的,佛道殊途同归,本出于一源,印度的佛教与华夏的老子道家(道教)就被纳入了同一个文化系统,成为统一的华夏文化中的一个流派,对佛教当然就不用"见外"了。可见,"老子化胡说"对于初传中土的佛教来说,显然是有利的。

外来的佛教,由于文化传统和社会背景的不同,它在许多方面都与中国的传统思想文化存在着巨大的差异。但佛教非常懂得"入乡随俗"的重要性,进入中国以后,它就十分注意与传统的宗教观念、社会伦理和思辨哲学相适应,特别是努力调和与儒、道的关系,这充分表现在早期佛经的翻译之中。

据现有的资料看,东汉时的佛事活动,以译经为主,其中最主要的是安世高传译的小乘禅学和支娄迦谶传译的大乘般若学两大系统。由于汉代社会盛行神仙方术,而安世高所传的小乘禅数之学所倡导的禅定修习,许多方法与当时社会上流传的吐纳养气等道家方术相近,因此,在东土最早得到流行的佛学就是安世高所传的小乘禅数之学。而支娄迦谶译介的则基本上都是大乘佛教的经典,他是中国佛教史上第一位把大乘般若学和大乘禅法传至汉地的僧人。他所传的大乘般若学主要宣说"万法性空"的道理,后依附魏晋玄学而得以在中土流行,并与晋宋以后兴起的涅槃佛性论一起,成为中国佛学的两大理论主干。

当时的译经,借用了许多中国传统的术语、概念来表达佛教思想,或者把传统的思想引入佛经之中,甚至对佛教的观念作出某种修正。以《四十二章经》为例,这本是一部介绍小乘佛教基本教义的佛经,一般认为,它是一种经抄,主要摘译小乘佛教的基本经典《阿含经》,经的内容重点宣扬佛教的人生无常和爱欲为蔽等思想,但同时却又夹杂着"行道守真"之类的道家思想和"以礼从人"之类的儒家语言,甚至还有"飞行变化"等神仙家的思想。就连此经的文体也模仿了儒家经典《孝经》。继之而出现的汉译佛经,也都程度不同地打上了传统思想的烙印。例如把"释迦牟尼"译为"能仁",把"世尊"译为"众佑"。释迦牟尼者,印度释迦族的圣人也,其与众人不同者,在于智慧超群,译为"能仁",显系迎合了儒家的圣人观念。世尊者,"为世尊重",世间最尊者,译为"众佑",释迦牟尼又成了福佑众生的神灵。

汉代译经对中国传统思想观念的依附和对传统固有的名词概念的借用,为汉魏间"格义佛教"的流行创造了条件。所谓"格义",就是引用中国固有的思想或概念来比附解释佛教义理,以使人们更易理解并接受佛教。例如早期译经用道家的"无为"来译佛教的"涅槃",把"释迦牟尼"译为"能仁"等,以至于当时人们往往以传统的周孔之教和老庄之道来理解佛教,这都可以视为是"格义"的最早运用。"格义"既为佛教的中国化敞开了大门,也为佛教在中国的传播发展进一步开拓了道路。随着佛经的大量译出和人们对佛教的全面把握,魏晋以后,"格义"才逐渐被废弃不用。

佛教初传,中印两种不同的文化最初碰撞而在社会上引起的各种反响,在大约成书于东汉末三国时的牟子著《理惑论》中有充分的体现。从《理惑论》中可以看到，当时社会上有许多人对外来的佛教表示出了种种的疑虑，有的甚至对佛教在中土的传播持强烈的反对态度。其作者牟子则站在佛教的立场上，广泛引证老子、孔子等人的话语来为佛教辩护，论证佛教与传统儒、道思想并无二致，努力弥合外来佛教与中国传统文化的差异。如果实在难以弥合，就强调三教虽然表现形式不同，但在本质上都是一样的，都有助于王道教化，有助于社会的安定和人生的幸福。牟子《理惑论》在中国历史上最早提出了佛道儒三教一致论，这在一定程度上打消了人们对外来佛教的拒斥心理，为佛教在中土的传播和发展提供了思想基础。

随着佛教的不断输入与发展，洛阳、徐州、豫州等地区先后兴建了一些佛教寺塔，并开始塑造佛像。从有关记载中可以看到，佛教在东汉末年已从宫廷贵族上层逐渐走向了民间，影响和传播的范围都有所扩大，建寺造像的规模也已相当宏大。特别值得注意的是，已经开始出现这样的情况：不再把黄老与浮屠并祠，而是突出"课读佛经"和"浴佛"等佛教仪式。这反映出当时人们对佛教已有进一步的了解，透露出了被视为黄老神仙方术之一种的汉代佛教向登上中国思想学说舞台的魏晋佛教过渡的消息。

## 二、在依附融合中走向相对独立发展

汉代佛教依附于黄老方术而得到了流传，并逐渐在中土扎下了根。到三国两晋时期，在统治者的直接倡导与支持下,佛教很快在社会上蔓延开来,并在与中国固有的思想文化相互冲突、相互融合中,得到了迅速的传播与发展,特别是社会的分裂与动荡不安,百姓的苦难与被拯救的渴望,为佛教的传播提供了良好的土壤,使佛教得以赶超中土原有的各种宗教信仰而与传统的儒、道并存并进,为隋唐时形成三足鼎立之势奠定了基础。这个时期佛教的一个最显著的特点是,外来的佛学依附魏晋玄学而得以传播,并形成玄佛合流的时代学术思潮;一批中国的佛教学者脱颖而出,他们在理解消化佛教思想、融会中外文化方面进行了不懈的努力,终于使佛教登上中国思想文化的舞台,并在与玄学的合流中,创立了富有中国化特色的佛教般若学派,为南北朝佛学的兴盛和隋唐时期佛教宗派之学的出现提供了坚实的理论支柱。

在魏、吴、蜀三国鼎立时期,佛教在汉地有了进一步的发展。许多译经大师继续从天竺、安息与康居等国来华,大量的佛教经典被译成汉文。这个时期最著名的佛经翻译家是支谦和康僧会,他们都是祖籍西域而生于汉地,深受汉地文化的熏陶与影响,他们在译出佛典的同时还注经作序,用传统的思想和术语来发挥佛教教义,并积极向统治者宣化以扩大佛教的影响。戒律的传入与朱士行的西行求法,都是三国时期佛教的重大事件,并对后世佛教产生较大影响。从现存的资料看,三国佛教的中心,北为魏都洛阳,南为吴都建业(今江苏南京)。关于佛教在蜀地的流传情况,由于现存史籍无载而不可详考。但根据有关的考古发现可以断定,四川在三国以前就已有佛教传入,并可能是由云南传入的。

魏正始(240—249 年)以后,玄学盛行,谈玄说虚也激起了人们对佛教般若学的兴趣，人们纷纷倾心于对般若空义的探究，并促成了中国内地僧人西行求法的开始。中土僧人朱士行，经常感叹当时支娄迦谶译的《道行般若经》"译理不尽"，听说西域有更完备的《般若经》，于是，"誓志捐身"，前往求取。他于魏甘露五年（260年）从雍州（治所在今陕西西安）出发，西涉流沙，到达于阗，"果写得正品梵书胡本九十章，六十余万言"。西晋太康三年（282年），朱士行遣弟子弗如檀等十人将经送回洛阳，他自己后以八十高龄卒于于阗。抄回的经本于西晋元康元年（291年）译出，是为《放光般若经》二十卷。此经的译出，曾对两晋佛教般若学的兴盛起了很大的推动作用。从此以后，讲习般若，成为一代风气。朱士行是中国佛教史上第一个西行求法的汉僧，同时，他也被认为是中国佛教史上第一个依律受戒成为比丘的汉人，因此，他在中国佛教史上有一定的地位。

东吴当时占据着长江中下游的广大地区。由于地域的关系，吴地佛教是由南下和北上两路传入的。汉末，关中、洛阳战乱不止，许多人逃避战乱而南迁吴地。著名僧人支谦等佛教徒随避乱的人群南下，也把佛教带到了吴地。当时南海交通发达，佛教从海路经由林邑（今越南中南部）、扶南（今柬埔寨）等地也传到了广州、交州一带，名僧康僧会即是在交趾出家为僧后北上吴都建业的。南下和北上的佛教齐汇吴地，吴都建业遂发展为佛教重镇，成为江南佛教的中心。

吴地佛教的兴盛，与支谦和康僧会等人的译经传教活动是联系在一起的。支谦曾译出了对中国佛教影响甚大的《维摩诘经》等27部佛典，并为自己所译的《了本生死经》作注，这是中国佛经注释的最早之作。《维摩诘经》塑造了一个理想人物——在家菩萨维摩诘居士,他精通佛理、辩才无碍,具有佛一般的智慧和精神境界,虽然他表面上出入酒肆妓院赌场等场所,实质上却是在教化超度众人。这种出世不离入世、理想社会就在现实之中的理论,受到了当时社会的普遍欢迎。《维摩经》译出后,在中土十分流行。东晋时期的僧叡、僧肇等一代高僧都是在《维摩经》的影响下皈依佛教的。

与支谦齐名的康僧会,则对佛教在吴地的传播影响最大。在他以前,"吴地初染大法,风化未全";他到建业后,不仅译注佛经,而且重视对一般民众的传教。据说他曾营立茅茨,设立佛像,从事传教活动。当人们对此有怀疑时,康僧会应吴主孙权之要求,通过烧香祈祷,求得了佛舍利,孙权大加叹服,便为之建造佛寺,是为江南建寺之始,故号为"建初寺","由是江左大法遂兴"。康僧会在译经传教时特别注意用传统儒家的经典和善恶报应理论来扩大佛教的影响。据说孙皓即位后曾对佛教发生怀疑,并想毁坏佛寺,康僧会便引用《诗经》中"求福不回"和《易经》中"积善余庆"等说法来说明"虽儒典之格言,即佛教之明训",并进一步提出佛教有"行恶则有地狱长苦,修善则有天宫永乐"的理论可以作为儒家名教的补充以助王化,从而解除了孙皓"若然则周孔已明,何用佛教"的疑虑,最终说服了孙皓,不仅使佛寺免于被毁,而且使佛教在吴地得到了进一步展开。

康僧会在译介佛经时融合吸收了不少儒家和道家的思想内容。例如他所编译的《六度集经》,通过一系列佛的本生故事(即佛过去世中行菩萨道,利生受苦的寓言故事)来宣传佛教救世度人的思想,并努力把佛教的思想与传统的儒、道思想调和在一起。经中不仅大讲"恻隐心"、"仁义心",而且还主张"治国以仁",并大力提倡"尽孝"。讲求"出世"的佛教在中国传统文化的影响下逐渐融入了重视现实人生的品格,这与康僧会等人的努力是分不开的。

到两晋时,中国佛教的发展,出现了一些与以往不同的新特点。佛教自汉代传入后,在相当长的一个时期内都是以译介印度典籍为主,很少有中国人的著述发挥。到两晋时,在佛经继续译出的同时,开始出现了一批从事佛教理论研究的中国佛教学者,中国佛教的发展逐渐结束了对外来思想的格义,开始尝试着对外来佛教的消化吸收和融会贯通。鸠摩罗什的入关,道安、慧远、僧肇等中国佛教学者的努力,对中国佛教走上相对独立的发展道路及其基本特色的形成起了重要的推动作用。玄学的刺激,统治者的支持与提倡,佛图澄等人的大力传教,是这个时期佛教得到广泛传播、势力日盛的重要原因。

两晋时期,汉末传入的大乘般若学,依附于当时盛行的老庄玄学而得以大兴,并在玄学的影响下逐渐形成了佛教般若学的"六家七宗"。当时的佛教般若学者,往往同是清谈人物,他们兼通内外之学,尤其熟悉老庄玄学。僧人的立身行事,言谈风姿,皆酷似清谈之流。名僧名士,志趣相投,风好相同。西晋僧人支孝龙与当时的世族大家阮瞻、庾凯等交游甚厚,"并结知音之友,世人呼为'八达'";东晋名士孙绰作《道贤论》,以佛教七道人比配"竹林七贤",这些都反映了时代的风尚。

随着印度和西域僧人的来华,中国佛教徒中也兴起了一个西行求法的热潮。两晋时西行僧人中以法显的成就为最大。法显因感叹当时律藏的残缺,而于东晋隆安三年(399年)出发,赴天竺"寻求戒律"。前后历时 14 年,最后只身一人,经狮子国(今斯里兰卡),渡南海而于东晋义熙八年(412年)回到中国,带回多部律藏和《阿含经》等。他曾根据自己的旅行见闻撰写了《佛国记》,为研究古代中亚、南亚各国的历史、宗教和中外交通情况提供了宝贵的资料。

西晋的佛教活动以洛阳和长安为两大中心。到东晋十六国时期,长安仍是北方佛教的中心,道安和鸠摩罗什都先后在长安主持译经事业,弘传佛教,南方则有慧远主持的庐山东林寺和佛陀跋陀罗、法显等据以译经传教的建康(今江苏南京)道场寺两个佛教中心。

东晋政权偏安江南,与之形成对峙的是北方由匈奴、羯、鲜卑、氐、羌等少数民族贵族建立的诸多割据政权,史称"五胡十六国"。入主中原的少数民族统治者为了给自己的统治寻找理论支柱,纷纷倡导佛教,促进了佛教在北方广大地区的传播,其中尤以后赵、前后秦和北凉的佛事活动为盛。

北方佛教的广泛传播与佛图澄在后赵时的努力是分不开的。佛图澄(232—348 年),西域人,自幼出家,诵经数百万言,善解经义。西晋怀帝永嘉四年(310 年)来到洛阳,后以道术神咒赢得了建立后赵政权的羯人石勒及其继承者石虎的崇信,经常参议军政大事,被尊奉为"大和上"。关于佛图澄的神异事迹,传说极多。据说他善诵神咒,能役使鬼物。以麻油混合胭脂涂于手掌,能彻见千里外之事;耳听铃音,能辨别吉凶。他常服气自养,能积日不食。还能敕龙致水降雨、喷洒兴云灭火等等。他初见石勒时,石勒问他:"佛道有何灵验?"他回答说:"至道虽远,亦可以近事为证。"随即作了一番表演。他取来一个钵子,盛满水,烧香念咒,须臾之间,钵中生出了光色耀目的青莲花,使石勒十分信服。从此,凡有重大的事情,石勒都要先来向他请教。石虎即位后,对他更加敬重,称之为"国之大宝",事事都要先征求他的意见然后才实行。佛图澄也尽量利用自己的渊博知识和众多弟子提供的消息来为石氏政权服务,并以佛教慈悲戒杀的教义来感化、谏劝残暴成性的石勒、石虎不要滥杀无辜。他还充分利用后赵统治者石勒、石虎出身非汉族的特点及其对佛教的崇信,大力弘法传教,使佛教这一非汉族的宗教在统治者的支持与倡导下在北方得到了迅速传播。石虎曾专门下诏书允许各族民众都可以出家为僧,从而打破了以往"汉人皆不得出家"的旧例。一般认为,这是中国历史上第一次官方明令汉人可以出家。

继后赵之后,前秦苻坚十分好佛,他曾派兵攻打襄阳以迎请佛图澄的弟子道安去长安主持译事,并对道安十分尊崇。正是在帝王和权贵富豪的支持与资助下,道安讲经说法,译经传教,在襄阳和长安都有成百上千的弟子僧众,形成了当时我国最大的佛教僧团,影响所及,遍布大江南北。后秦的佛教比前秦更盛。后秦主姚兴出兵凉州,迎鸠摩罗什大师至长安,"待以国师之礼",并请他主持译经事业。姚兴身为国主,不仅提供译场,委派助手,而且还"亲帅群臣及沙门听鸠摩罗什讲佛经"。鸠摩罗什的译经和讲习都大大超过了前代。四方前来的义学沙门多达三五千人。

两晋时代,也是中国佛学大发展的重要时期。汉末传入的大乘般若学在玄学的刺激下得以大兴,并与玄学合流而蔚为时代思潮。受魏晋玄学的影响,当时对佛教般若思想的研究曾盛极一时,见之于经传的有名般若学者就有数十人之多。但他们对佛教般若"空"义的理解,或者流于片面,或者用老庄玄学等思想去附会,从而围绕着般若"空"义,产生了众多的学派,主要的就是"六家七宗"。即"论有六家,分成七宗。第一本无宗,第二本无异宗,第三即色宗,第四识含宗,第五幻化宗,第六心无宗,第七缘会宗。本有六家,第一家分为二宗,故成七宗也"。(唐元康的《肇论疏》引昙济《六家七宗论》)六家七宗般若学派在两晋时的出现,既是受传统思想,特别是受老庄玄学思想影响的结果,同时也反映了当时中国佛教徒对佛教般若思想的探索和企图摆脱对玄学的依附而建立自己思想体系的努力。

佛教的理论学说通过依附玄学而在魏晋时正式登上了中国学术思想的舞台,一批中国佛教学者的脱颖而出,标志着佛教在中国的发展进入了一个新的历史时期。东晋时的道安及其高足慧远,以及鸠摩罗什门下的僧肇、道生等,是当时崛起的中国第一代佛教学者中的佼佼者,他们从事的佛教活动及他们的佛学思想,对中国佛教的发展产生了极其广泛而深远的影响。正是通过他们的努力,中国佛教逐渐走上了相对独立的发展道路。

道安(314—385 年,或说 312—385 年)是东晋时期著名的佛教高僧,他在经典之整理、佛理之阐发、僧规之确立等多方面为中国佛教的发展作出了重要的贡献。他是佛教般若学派"六家七宗"中影响最大的"本无宗"的创立者,推进了佛教中国化的进程。他曾花大力气对汉代以来流传的各种佛典加以收集和整理,第一次系统而全面地编出了佛典目录,不仅为研究中国佛教的译经史提供了第一部可信可据的译经史料书,而且为后人继续整理佛教典籍提供了有益的经验和极大的方便。他还参照当时已有的佛教戒律,制定了僧尼轨范,当时"天下寺舍,遂则而从之",道安成为中国佛教史上定立寺院规则的第一人。在道安以前,中土僧人皆依师为姓。师从天竺来而姓"竺",从月支(即月氏)来而姓"支",从安息来则姓"安",弟子便分而从之,因此,当时沙门所姓不一。道安以为,"大师之本,莫尊释迦,乃以释命氏"。从此,佛教徒以"释"为姓,永成定式,至今不变。道安还在前秦王苻坚的支持下,在长安组织中外僧人译出了大量佛经,译经的规模和译经的质量都比以前有了进一步的发展。道安在弘法传教中,还积极培养弟子,跟随他的弟子有成百上千人,形成了当时中国佛教最大的僧团。他把弟子派遣到各地去传法,使佛教逐渐从黄河流域扩大到了长江流域,并进而在全国到处传播。道安以后,他的弟子慧远继之成为佛教界的领袖,进一步推动了中国佛教的发展。

慧远(334—416 年)曾在庐山居住长达三十多年,他聚徒讲学,培养弟子,撰写文章,阐发佛理;组织译经,弘律传禅;建斋立寺,倡导念佛。同时,他还与鸠摩罗什书信往来,促进了南北佛教的学术交流。慧远一生写下了大量的佛教著作,已佚失不少,现保留下来的有《沙门不敬王者论》等。

在佛教理论上,他主要是发挥道安的"本无论"。他吸收了中国传统思想中灵魂不死的宗教观念,以"法性论"为核心,论证了形尽神不灭和三世报应的理论,从而形成了富有特色的中国化的佛学思想,并使佛教天堂地狱、因果报应的理论在中国几乎家喻户晓,其影响远远超出了佛教徒的范围,在中国社会产生了持久而深远的影响。慧远还利用自己的特殊身份和广博知识努力调和佛法与名教的关系,为沙门祖服和沙门不敬王者进行辩解,强调佛法和名教在形式上虽然有所不同,但在协和王化等根本问题上却是完全一致的。由于慧远精通内外之学,因此吸引了一大批文人学士,大大扩大了佛教在社会上的影响。慧远以出世的姿态,护法传教,调和佛法与名教的关系,为佛教赢得了统治者更多的支持。他率众行道的庐山被誉作"道德所居"而成为当时南方佛教的中心,东晋以来佛教的兴盛与江南佛教的流行,与慧远的努力是分不开的。

僧肇(384—414年)是东晋时著名的佛学家。他在鸠摩罗什门下,聪明好学,深得赞赏,是鸠摩罗什众多的高足中佛学造诣最为出类拔萃者。他的著作并不多,后人将他的几篇论文汇编成《肇论》一书流行于世。从总体上看,《肇论》是一个完整的哲学思想体系,它在回答当时玄学提出的一些主要理论问题,也是佛学中带有根本性问题时,系统地阐发了佛教的般若性空思想,具有极高的理论思辨水平,它的出现标志着中国佛教的发展进入了初创理论体系的新阶段。在僧肇之前,人们受老庄玄学的影响,都从有和无的二分对立上来理解佛教般若的性空之义,因而"有无殊论,纷然交竞",形成了老庄玄学化的"六家七宗"等佛教般若学派。僧肇通过批判其中有代表性的本无、即色和心无这三家的观点而对当时割裂有和无、离开假有来谈空的普遍倾向作了综合性的批判,把老庄玄学的有无之争引向了佛教的真假之辨,并在此基础上系统发挥了鸠摩罗什所传的佛教中观般若思想。僧肇在阐发佛教思想时,十分注意从传统思想中吸取养料。他融会中外思想而创立的佛教思想体系,是佛教中国化的重要里程碑。他的哲学思想体系既把玄佛合流推向了顶峰,也标志着玄佛合流的终结,并在客观上结束了魏晋玄学的发展。在此之后,玄学虽有余波,但已没有多大的发展,中国化的佛教哲学理论则开始了自成体系的发展。

竺道生(?—434年)是晋宋时的著名佛学家,他对毗昙、般若与涅槃三学都有研究,尤精涅槃,时人呼为"涅槃圣"。竺道生是南方涅槃佛性论的主要代表人物,他融会般若实相说与涅槃佛性论的思想学说,在中国佛教史上开一代新风。竺道生提出的"众生皆有佛性"和"顿悟即得成佛",在中国佛教史上产生了重要的影响。"众生皆有佛性"本是《涅槃经》的基本思想,但竺道生最早接触到的六卷本《泥洹经》却在宣扬一切众生皆有佛性、皆得成佛的同时,强调一阐提(断了善根的人)应当除外。竺道生不受经文的束缚,大胆地提出了自己的主张。当时大本《涅槃经》尚未传至建康。因此,竺道生的说法"独见忤众",被当时佛教界认为是"邪说"而遭到了守旧僧众的排斥,竺道生本人也因此而受到了佛教戒律的处罚,被开除出建康佛教僧团。据说他坚持自己的观点,曾坐在苏州虎丘白莲池畔讲经说法,池中的顽石也情不自禁地点头称是,从而在佛教史上留下了"生公说法,顽石点头"的传说。不久以后,大本《涅槃经》传至建康,经中果称一阐提悉有佛性,与竺道生所说相契。于是,竺道生名声大振,受到众僧的钦佩。"人人皆有佛性"的学说经竺道生等人的倡导和弘传,成为流传极广的中国佛学的主流。既然人人皆有佛性,皆能成佛,那成佛需要经过什么阶段?经历多少时间?这就是"顿悟"还是"渐悟"的问题。竺道生进一步提出了"顿悟成佛"说,对中国佛教的发展产生了极大的影响。晋宋之际,中国佛学的重心由般若之"真空"转向了涅槃之"妙有",在这思想学说演进的过程中,竺道生承上启下,起了关键性的作用。

## 三、南北朝佛教的不同特色与学派林立

南北朝时期是佛教进一步流传发展的时代。在帝王的直接支持下,寺院和僧尼激增,僧官制度得到了确立,寺院经济有了很大的发展。随着大量经论的进一步译出,对佛典的研究也日益深入,并逐渐形成了许多以弘传某一部经论为主的不同学派。由于北方战乱不止,晋王室的南迁,一大批文人学士和义学沙门也相继南渡,学术重心逐渐南移。在南北朝时,由于南北社会政治条件的不同,地域文化传统的差异,南北佛教也形成了不同的特色和学风。

从总体上看,南方佛教继承了东晋以来玄学化佛教的传统,偏重玄远的清谈与义理的探讨,在帝王的直接倡导下,讲论佛法成为时尚。因此,围绕着涅槃佛性义、真俗二谛义、神

灭与神不灭等，当时都展开过激烈的论争，般若三论等学说也十分流行。这反映了南方佛教既摆脱了魏晋佛教对于玄学的依附，走上了相对独立的发展道路，却又仍然深受着魏晋以来清谈之风的影响。

南朝时出现了大量在佛教史上产生很大影响的中国僧人的佛教著述，其中不少已经佚失，现存最值得重视的有梁代僧祐为"订正经译"而作的《出三藏记集》十五卷和为"护持正化"而集的《弘明集》十四卷，以及梁代慧皎编撰的《高僧传》十四卷。《出三藏记集》是我国现存最古的佛教经录，《弘明集》则是僧祐站在佛教的立场上，面对儒、道两教对佛教的攻击，为护持正法、驳斥异教而编集的。其中既搜集了大量颂佛护教的文章，也保存了一些反佛的史料，如范缜的《神灭论》等，弥足珍贵。慧皎所作的《高僧传》，通过为僧人立传，为我们保留了大量可贵的佛教史料。全书共收录从佛教初传到梁天监年间中国佛教著名僧人近五百人的生平事迹，成为我们了解并研究汉魏六朝佛教传播发展情况不可多得的重要参考书。

相比之下，北朝佛教却呈现出了另一种景象。北朝佛教虽然也译出了一些佛典，但数量远不及南朝。北方少数民族统治者虽然也重视佛教，但他们大都崇尚武功，没有玄学清谈的传统，他们比较重视修福、修禅等实际的活动，例如建寺、度僧、凿石窟、造佛像等，对空谈玄理不怎么感兴趣。与南方佛教崇尚玄理相比，北方佛教更偏重修习实践，因而禅学、律学和净土信仰比较盛行，尤其重视禅观。当时统治者对禅定的倡导和社会上对"讲经"的不重视，导致了北朝的义学高僧不多见,却相继出现了许多著名的禅师,特别是南天竺僧人菩提达摩禅师来华,渡江北上至魏,广传"南天竺一乘宗",在北方逐渐形成规模,最终形成了中国的禅宗。

由于南北政治文化背景的不同,因而佛教与王权以及佛教与儒道的关系在南方和北方的情况也有所不同。南朝帝王在崇佛的同时,一般对儒道仍加以利用,儒佛道三教皆有助于王化的思想在南朝基本上占主导地位。即使出于现实政治的需要,帝王对过分发展的佛教采取某些限制措施,其手段一般也比较温和,结果还往往未能实行。儒道对佛教的批评攻击有时虽然很激烈,但也仅停留在理论的论争上。正因为如此,南方才有夷夏之辨、佛法与名教之辨以及神灭与神不灭等理论上的大论战,也才会有释慧远为"沙门不敬王者"所作的辩解。南朝虽有反佛之声,却未能阻止佛教的进一步发展,社会中反而出现了"南朝四百八十寺,多少楼台烟雨中"的佛寺遍布的兴盛景象。

在北方的情况却不太一样。由于与南朝相比,北朝的君权更为集中,因而在北朝出现了帝王利用政治力量灭佛的流血事件。佛教与儒道之间的争论,特别是佛道之争,也与南方的理论争论不同,往往更多的是借助于帝王的势力来打击对方。北方两次较大规模的灭佛事件,即北魏太武帝和北周武帝的灭佛,其实都与佛道之争有关。正因为如此,所以在北方非但没有出现沙门该不该礼敬王者的争论,反而出现了拜天子即为礼佛的说法。南北佛教对帝王的不同态度从一个侧面反映了佛教的发展及其特点的形成受社会历史条件的影响。

南北佛教的不同特点和学风,给我们留下了不同特色的文化遗产。在南方出现《弘明集》《高僧传》等大量佛教著述的同时,北方社会中却出现了大量的石窟艺术珍品,如世界著名的云冈石窟和龙门石窟等都始凿于北魏,这些文化遗产,至今依然熠熠生辉。

南北朝寺院经济的发展,也成为这个时期佛教发展的一大特点。在印度佛教中,虽然不允许僧尼个人蓄金银财物而并不禁止寺院僧团拥有土地财产,但出家修道的僧尼一般是不直接从事生产劳动和各种经济活动的。但佛教传入中国后,受自给自足的小农经济的封建社会影响,佛教寺院不仅占有田产,而且从事多种以营利为目的的经济活动。这种情况在东晋时就已较为普遍,但还没有形成比较强大的寺院经济。到南北朝时,随着皇帝、贵族和地主布施的增多及寺院多种经济活动的扩大,寺院经济得到了极大的发展,相对独立的寺院经济在当时的社会经济中已占有很重要的地位。据说宋孝武帝一次就曾"赐钱五十万",梁武帝更是一次就向寺院捐赠了价值一千多万的财物,他本人4次舍身同泰寺,使寺院每次都获得"钱一亿万"的赎金。南北朝寺院经济的极大发展,曾遭到来自各个方面的批评,当寺院占有过多的田产以及农民为逃避沉重的租税徭役而纷纷遁入寺院直接影响到世俗统治者利益的时候,也往往成为世俗统治者排佛灭佛的重要原因之一。

南北朝时期,在佛教经论继续译出的同时,中国僧人开始倾心于对佛教义理的探究,特别是在南朝,经论的讲习之风大盛。僧人务期兼通众经,广访众师听讲,一些人也渐以讲经知名,并各有所专精。由于讲习经论的不同,逐渐形成了以弘传佛教某部经论为主的不同的学派,如毗昙学派、涅槃学派等,其学者也相应地被称为"毗昙师"、"涅槃师"等,这些学派虽也有称其为"宗"的,其实还不能算是真正的宗派,但它们为隋唐佛教宗派的创立准备了理论条件。

南北朝众多学派的出现,是佛教中国化进程中的一道特殊的风景线,它们从不同的理论方向推动了中国佛学的完形。当时的佛教学派主要有如下一些:

1. 毗昙学派和俱舍宗。毗昙学派是专门研习并弘传小乘说一切有部论书《阿毗昙》的佛教学派,主要通过对佛教法相的分析来表述苦、集、灭、道"四谛"等基本思想,论证解脱的必要性和可能性。南朝末年,真谛初译《俱舍论》,由于此论在诸阿毗昙中体系特别完整,名相解说也最为简明,因而受到欢迎,毗昙学派的一些学者也逐渐转向对《俱舍论》的研究,成为俱舍师。唐初,玄奘再译《俱舍论》,掀起了对此论的研习高潮,而旧译毗昙学则随之而渐趋衰歇,许多毗昙师的著作都没有留传下来。日本僧人来华从玄奘学法,同时传回了法相和俱舍教义,以俱舍宗作为法相宗的附宗,在日本有一定的影响。

2. 涅槃学派。涅槃学派是以研习并弘传大乘《涅槃经》而得名的佛教学派。《涅槃经》的主要思想是"泥洹不灭,佛有真我,一切众生,皆有佛性"。涅槃佛性问题曾是南朝佛教理论的中心问题。当时南北涅槃师围绕着《涅槃经》中有关佛性的问题曾展开过长期的争论,并形成多家异说。涅槃学至梁代而达极盛,入陈以后,由于三论、天台、唯识学的渐兴而趋衰微，但至隋代仍有这方面的研究和争论。

3. 摄论学派。摄论学派是以研习弘传真谛所译的《摄大乘论》而得名的佛教学派。《摄大乘论》为古印度无著所造，是瑜伽行派的重要代表作之一。它比较集中地阐述了瑜伽行派所主张的唯识学说，奠定了大乘瑜伽行派的理论基础。《摄大乘论》传入我国后，在中土形成了摄论学派。至唐代时，玄奘重译《摄大乘论》，并将《摄大乘论》作为瑜伽行派的典据之一而并不独尊，从而使摄论学派趋于衰歇。

4. 成实学派。成实学派是研习并弘传《成实论》的佛教学派。《成实论》的作者诃梨跋摩，原为印度说一切有部的僧人，后受大众部的影响而著此论批判有部的理论。此论被认为是由小乘向大乘空宗过渡的重要著作，也有人称此论为"小乘空宗"的论典。成实论师讲《成实论》，或兼弘"三论"，或调和《涅槃》，曾对各家学说发生过广泛的影响。到隋代吉藏创三论宗，判《成实论》为小乘后，成实学派逐渐衰微。唐代唯识学兴起，成实学虽仍有余波，但学派已不复存在。

5. 地论学派。地论学派是研习并弘传《十地经论》的佛教学派，为北朝所特有，且对北朝佛教影响最大。古印度世亲的《十地经论》原是对《华严经·十地品》所说菩萨修行的十个阶位（十地）和教义作的解释，由于它特别发挥了"三界唯心"和"唯识"等理论，因而成为瑜伽行派早期的代表作之一。地论学派在南北朝末年和隋代便趋于与摄论学派融合，至唐代唯识宗和华严宗创立以后，便不再独立存在。

6. 三论学派。三论学派是以《中论》《百论》和《十二门论》这"三论"为理论依据而成就的学派。三论学的兴起始于

梁代的僧朗。僧朗住建康郊外的摄山栖霞寺,后人称其为
"摄岭师"或"摄山大师"。其后僧诠、法朗依次在摄山弘传
"三论"之学,为隋唐三论宗的创立开拓了道路。

7. 十诵律学派。十诵律学派所研习的《十诵律》为小乘
说一切有部的根本戒律,是传入中土的四部广律中最早译出
并得以弘传的一部律书。当时南方的律学几乎都限于《十诵
律》,弘传此学的人很多,至齐梁时而盛极一时。唐代时,弘
传《四分律》的律宗兴起,《十诵律》的研究遂不再被重视。

8. 四论学派。北方的四论之学是将《大智度论》与"三
论"并重的一个学派。龙树所著的《大智度论》为论释《大品
般若经》的重要论书,该论全面阐发了《般若经》的"性空假
有"思想,有"论中之王"之称。四论学派弘传《大智度论》等
四论,对中国佛学有较大的影响。

9. 四分律学派。四分律学派所研习弘传的《四分律》原
为印度部派佛教上座部系统法藏部所传的戒律,在佛教诸部
戒律中对中国佛教的影响最大,后成为唐代律宗所依据的基
本典籍。唐代道宣认为此律内容应属大乘,并据此而创立了
中国佛教宗派律宗。

10. 楞伽学派。当时在北方还有一批专以四卷本《楞伽
经》为印证并递相传授的禅师,始倡者为中国禅宗奉为东土
初祖的菩提达摩,此系禅学后演化为中国禅宗。

11. 净土学派。随着宣扬净土思想的佛经相继译出,当
时北方也出现了一批专事弘传阿弥陀净土信仰的僧人,著名
的代表人物有昙鸾,倡导称名念佛法门,开净土信仰的一代
风气,对中国净土宗的形成影响极大,他的著作《往生论注》

等奠定了中国净土宗的理论基础,他倡导的修行方法也为净土宗所继承和发展。

南北朝佛教学派的繁兴在客观上使佛学理论得到了深化。然而,佛教理论虽然趋向了独立发展,但还没有能够对佛教本身各种不同的观点加以系统的综合和会通,特别是因为南北政治的分裂,使佛教也形成了南北不同的学风。这种状况到隋唐时期才得到了根本改观。

## 四、中国化佛教的形成与隋唐宗派创立

佛教在中国经过五六百年的发展,到隋唐时,进入了创宗立派的新时期。南北朝时,由于政治上的分裂,佛教也形成了南北不同的学风,佛教理论虽然趋向独立,但还没有能够对佛教本身各种不同的观点加以系统的综合和会通,独立的寺院经济也是处于形成发展之中,因此,当时尚无佛教宗派出现,只有众多的佛教学派。隋唐时期,随着大一统政权的建立和寺院经济的充分发展,佛教各家各学派的理论得到了进一步融合发展的机会。顺应着思想文化大一统的趋势,一些学派在统一南北学风的基础上,通过"判教"而形成了富有特色的宗派。中国佛教由此而进入了创宗立派的新时期。中国化佛教宗派的出现,是中国佛教文化鼎盛繁荣的生动体现,标志着佛教在中土的发展进入了新的历史阶段。

隋唐佛教的兴盛,与帝王的支持分不开,与帝王的儒佛道三教政策也密切相关。从总体上看,隋唐帝王对儒佛道一般都采取了三教并用的政策。这在客观上一方面促成了儒

佛道三教的鼎足而立，另一方面也推动了儒佛道三教思想上的趋于融合。

隋唐佛教的繁荣，表现在佛教发展的规模和译经、著述及思想学说等许多方面，而中国化佛教宗派的创立则是最重要的标志之一。

在译经方面，隋唐时的成绩相当可观。这个时期的译经基本上由国家组织，依敕进行，所需财物亦由朝廷支出，译场组织渐趋完备，分工精细，人员精干，译主、笔受、证梵、润文、证义、校勘等各司其职，保证了译经的质量。隋代由于时间较短，因而译者和译经不是太多。具体数字，各种记载不尽相同。唐代的译经则无论是在数量上还是在质量上，都达到了前所未有的水平。隋唐时期中国僧人的著述也异常丰富。从隋初至唐元和（806—820年）中就有不下二千卷。

寺院经济在隋唐时也有更进一步的发展。各大寺院都拥有大量的田产和财物，通过田租和放高利贷，每年都有相当庞大的经济收入。寺院经济的膨胀，一方面为隋唐佛教各宗派的创立与发展奠定了雄厚的经济基础，另一方面也势必与世俗地主阶级的利益发生矛盾，与国家利益产生冲突。因此，唐武宗时的"会昌灭佛"就绝不是偶然的了。

隋唐时创立的佛教宗派，一般有"大乘八宗"之说，指的是汉传佛教的天台宗、三论宗、法相唯识宗、华严宗、律宗、禅宗、净土宗、密宗。此外，还有隋唐时一度流行的三阶教。这些宗派都各具独特的教义、教规和修持方法，并为了维护自己的宗教势力和寺院经济财产而模仿世俗封建宗法制度建立了各自的传法世系。下面对这些宗派略做介绍。

1. 天台宗。天台宗是中国佛教史上创立最早的一个佛教宗派,它渊源于南北朝,初创于隋,兴盛于唐。因其实际创始人智顗长期住在浙江天台山而得名。又由于此宗奉《法华经》为主要经典,因此也称法华宗。天台宗的传法世系,有"东土九祖"之说:初祖龙树→二祖慧文→三祖慧思→四祖智顗→五祖灌顶→六祖智威→七祖慧威→八祖玄朗→九祖湛然。天台宗的实际创始人是智顗(538—598),他在南北走向统一的社会政治文化背景下,把定慧双修、止观并重确立为佛教修行的最高原则,并进而发展出"三谛圆融"、"一念三千"等思想学说。在智顗众多的著作中,最重要的是《法华玄义》《法华文句》和《摩诃止观》,号称"天台三大部",是天台宗最基本的理论著作,尤其是《摩诃止观》,代表了智顗的成熟思想,也奠定了天台宗的思想理论基础。唐代唯识宗和华严宗创立并兴起后,天台宗便相形失势。直到九祖湛然提出"无情有性"说,才使天台宗出现了"中兴"的景象。唐武宗灭法后,天台宗与教下其他宗派一样,渐趋衰微。五代至宋,才略有复兴。

2. 三论宗。三论宗因以龙树的《中论》《十二门论》和提婆的《百论》为主要经典而得名。又因主张"诸法性空",也称"法性宗"。为了区别于也称"法性宗"的天台宗和华严宗,又称"空宗"。自鸠摩罗什译出"三论"以来,研习"三论"者代不乏人,至隋吉藏而集大成,正式创立了三论宗。关于三论宗的传法世系,历来说法不一。但一般都上溯至印度的龙树、提婆,中土则以罗什为始。在罗什以下依次为:僧肇(或道生)→昙济→僧朗→僧诠→法朗→吉藏。其实,在吉藏之前的各位仅为三论宗的创立逐步奠定了理论基础,直到吉藏以"二藏三法轮"的判教理论来融会佛教诸家学说,提出了诸法性空的中道实相论,三论学派才正式演变为中国佛教的宗派。三论宗流传的时间并不长,由于华严与唯识等宗派兴起后,对三论之学或批判,或吸收,三论宗因此而逐渐衰微。但它的思想与方法却对中国佛教各宗派都有较大的影响。

3. 法相唯识宗。法相唯识宗因通过分析"法相"而得出"万法唯识"的结论,故得名。也称"法相宗"或"唯识宗"。由于该宗的创始人玄奘和窥基常住慈恩寺,窥基还有"慈恩大师"之称,因此又称"慈恩宗"。又由于该宗继承古印度瑜伽行派的学说,《瑜伽师地论》为该宗的根本经典,故也有称之为"瑜伽宗"的。法相唯识宗是直接继承印度瑜伽行派的理论学说,并严守其经典教义的一个宗派,印度文化的色彩比较浓厚。它的学说传承一般作:无著→世亲→陈那→护法→戒贤→玄奘→窥基→慧沼→智周。玄奘及其弟子窥基是此宗的实际创立者,智周以后,此宗便趋衰微。法相唯识宗所依据的经典,号称"六经十一论","十一论"中又有以《瑜伽师地论》为"本"、其他为"支"的所谓"一本十支"的说法。实际上,最主要的只有"一经二论",即《解深密经》《瑜伽师地论》和《成唯识论》。其中又以《成唯识论》为最重要,它基本上包括了法相唯识宗的全部思想学说。由于法相唯识宗的理论比较繁琐,且又固守着一些不适合中国国情的教义,因此,尽管它在帝王的支持下曾盛极一时,但还是很快就衰微了,仅在历史上辉煌了几十年。

4.华严宗。华严宗因奉《华严经》为主要经典而得名，又因其实际创始人法藏被武则天赐号"贤首"，后人称法藏为"贤首大师"，故又称"贤首宗"。该宗主要发挥"法界缘起"的旨趣，因而又有"法界宗"之名。华严宗的传法世系没有追踪到印度，而是以中国人为主，一般作：初祖法顺→二祖智俨→三祖法藏→四祖澄观→五祖宗密。但实际创始人是法藏。法藏不仅主持翻译了八十卷《华严经》，而且对华严教义作出了创造性的解释与发挥。华严宗传人中宗密最为著名。宗密在主要阐述华严教义时，还发挥了教禅一致思想，并调和佛教内部各派和儒道各家的思想，对中国佛教思想的发展和儒佛道三教融合的思潮，都产生了很大的影响。宗密以后，唐武宗灭法，华严宗与其他教派一样，受到了沉重的打击，寺院被毁，经论散失，从此一蹶不振。直至宋初，始稍有复兴。

5.禅宗。禅宗是最为典型的中国化的佛教宗派。因主张用禅定概括佛教的全部修习而得名。又由于自称"传佛心印"，以觉悟所谓众生心性的本原佛性为主旨，故又称"佛心宗"。它渊源于印度佛教而形成于传统文化之中。于隋唐时正式成立，至唐末五代时达到极盛，宋元以后仍继续流传发展。禅宗一向以"不立文字，教外别传"相标榜，其传承则一直上溯至释迦牟尼的大弟子、传佛心印的摩诃迦叶。禅宗尊摩诃迦叶为印度初祖，其后，历代祖师以心传心，次第传授，传至第二十八祖为菩提达摩。菩提达摩来华传禅，被奉为东土初祖。菩提达摩以下有慧可、僧璨、道信、弘忍等依次相传，此即所谓中国禅宗的"东土五祖"。五祖弘忍门下出神秀和惠能，遂有南北禅宗之分。惠能被视为禅宗的正脉，世称六祖。其实,中国禅宗的真正创立,是在道信和弘忍的"东山法门"之时。弘忍以后,禅宗得到了进一步的发展,并形成了不同的派系,其中最有影响的是主要流传在北方嵩洛地区的神秀北宗和主要在南方传播的惠能南宗。它们一个注重渐修,一个强调顿悟,形成了中国禅宗的两大基本派别。注重渐修的神秀北宗禅由于得到帝王的支持而盛极一时,但在安史之乱以后,就逐渐趋于衰落,唐武宗灭法以后,以寺院为主要依托的北宗禅便完全衰落下去。而强调顿悟、保持山林佛教特色的惠能南宗,则逐渐取代北宗而在全国得到了极大的发展。晚唐至五代,南宗门下进一步演变分化出"五家七宗",即沩仰宗、临济宗、曹洞宗、云门宗和法眼宗五家,其中临济宗在宋代又分出了黄龙、杨岐二派。"五家七宗"遍布大江南北,在全国形成巨大规模,成为中国禅宗的主流。唐宋以后,惠能南宗不仅湮没了弘忍门下包括神秀北宗在内的其他各支脉,成为中国禅宗的唯一正宗,而且几乎成为中国佛教的代名词,对中国社会和文化产生了极为广泛而深远的影响。

　　6. 净土宗。净土宗因专修往生阿弥陀佛净土法门而得名。该宗倡导简易的念佛法门,故又有"念佛宗"之称。相传东晋慧远曾在庐山邀集僧俗十八人成立"白莲社",发愿往生西方净土,慧远因此而被奉为净土宗初祖,净土宗也因此而又称"莲宗"。一般认为,净土宗的实际创始人是唐代的善导,而其先驱则上可溯至昙鸾与道绰。净土宗的历代祖师与其他佛教宗派的传法世系有所不同,他们前后并非都有传承关系,之所以被推为祖师,主要在于他们对弘扬净土法门有所贡献。净土宗奉为主要经典的有"三经一论",即《无量寿经》《观无量寿佛经》《阿弥陀经》和世亲的《往生论》。这些经论都宣扬阿弥陀佛西方净土是一个极乐世界,众生只要信仰阿弥陀佛,并称念其名号,临终便可往生。净土宗提倡这种简便易行的修习法门,认为不必广研佛典,也无需静坐苦修,只需信愿行俱足,一心称念阿弥陀佛的名号,就可进入极乐世界。由于净土信仰教义简单,法门易行,因而很快就在社会上流传开来,以至于许多人虽不一定懂得净土宗,但却都知道诵一声"南无阿弥陀佛"。唐武宗灭佛后,一些依赖寺院经济和章疏典籍的佛教宗派相继式微,而净土信仰却依然在社会上广为流传。净土宗后与禅宗合流,禅净双修成为唐宋以后中国佛教发展的基本特点之一。

7. 律宗。律宗以研习及传持戒律为主而得名,因其所依据的是小乘法藏部的《四分律》,故又称"四分律宗"。又因创宗人道宣常住终南山而名"南山宗"或"南山律宗"。中土自曹魏时就有戒律传译和依律受戒。到了唐代,独盛《四分律》,并经道宣等人弘扬而蔚为一宗。律宗依《四分律》把诸戒分为止持与作持二门。止持为"诸恶莫作",即比丘戒 250 条,比丘尼戒348 条。作持为"众善奉行",包括受戒、说戒、安居、悔过及衣食坐卧的种种规定。《四分律》不仅成为律宗所依据的基本典籍,而且成为中国佛教戒律的基本依据,是佛教诸部戒律中最有影响的一部。在中国佛教史上,弘扬律学的除了道宣的南山宗之外,还有同时弘扬《四分律》学的扬州日光寺法砺所开创的相部宗(因传法中心在相州而得名)和长安西太原寺怀素所开创的东塔宗(因怀素住西太原寺的东塔而得名),与道宣南山宗并称律宗三大家。后相部宗和东塔宗相继衰微，只有南山一宗畅行，且历经宋元明清而绵延不断。

8. 密宗。密宗也称"密教"、"秘密教"、"真言教"、"金刚乘"等，由于自称受法身佛大日如来深奥秘密教旨的传授，为"真实"言教，这种真言奥秘若不经灌顶（入教或传法仪式）和秘密传授，不得任意传习及显示于人，因而得名。又由于它修习三密相应（瑜伽），即手结印契（身密）、口诵真言秘咒（口密）、心中观想大日如来（意密）以与大日如来的"三密"相应，实现"即身成佛"，故又称"瑜伽密教"。密教本是公元7世纪以后印度大乘佛教的一些派别与婆罗门教—印度教相结合的产物，后传入中国，形成了中国佛教的一个宗派。其创始人善无畏、金刚智和不空，均于唐开元年间来华，世称"开元三大士"。由于密宗的仪轨十分复杂，具有浓厚的神秘色彩，唐代时曾成为王公贵族信奉的热门。但由于密教的理论与修持方法在许多方面与汉族的文化传统及伦理习俗不合，因而不久以后，密宗在汉族地区就衰落了。但密教在西藏地区得到了较大的传播和发展，形成藏传佛教，成为中国佛教三大系之一。

9. 三阶教。三阶教因主张把全部佛教分为"三阶"而得名。又因主张普遍信奉一切佛法而有"普法宗"之称。它是隋代僧人信行所创立的一个比较特殊的佛教派别。三阶教的"三阶"教法是根据佛教正法（佛灭后初五百年）、像法（第二个五百年）和末法（一千年以后）的说法①而把全部佛教按

① 佛教对"三法"的具体时间有不同的说法，有的以正法为五百年，像法为一千年，末法为一万年。

"时"(时期)、"处"(所依世界)、"机"(根机,指人)分为三阶。认为当时已是第三阶"末法时期",这时应信奉"三阶教",普信一切佛法,普归一切佛。三阶教因具有独特的教义和修行方式而一度流行,但由于三阶教所提倡的与当时佛教界的理论和行持很不协调,其散布的"末法"思想与封建王朝的需要也很不一致,因此,三阶教创立后屡屡遭到朝廷的禁止和佛教其他宗派特别是净土宗的攻击,唐末以后一直被视为异端邪说,入宋以后,便不再流传。

## 五、佛教的由盛而衰与开拓革新

中国佛教经唐末武宗灭法、黄巢农民起义以及五代后周世宗灭佛等一系列的打击以后,逐渐开始走下坡路。入宋以后,虽然大多数统治者仍对佛教采取了扶植利用的政策,有些宗派,特别是禅宗和净土宗,也有进一步的流传和发展,但从总体上看,隋唐时期佛教的兴盛局面已一去不复返。

宋辽金元时期,佛教虽然趋于衰微,但仍然有所发展,特别是它传播的范围和在中国民众中的影响,它对社会生活和文化领域的渗透,都达到了相当的程度,以至于若就此而言,甚至可以认为这个时期的佛教发展超过了唐代。佛教义理与宋代儒学的结合、禅净合流与民间信仰的结合,都为佛教在中土的传播开辟了新的天地。但就佛教本身而言,特别是就佛教本身的思想理论而言,入宋以后便少有新的发展和突破,正是在此意义上,我们说中国佛教由唐至宋,逐渐趋于衰微。佛教的衰微,与理学的形成和独尊有关,也与帝王的佛教政策有关，而佛教在衰微中的持续发展，也是与统治者分不开的。

在宋代，儒学虽然取得了绝对正统的地位，但最高统治者并没有放弃对佛教的扶植利用。有宋一代，除宋徽宗曾一度兴道反佛之外，大多数帝王对佛教都采取了利用的政策。两宋时期，比较流行的是禅宗和净土宗。另外，天台宗和华严宗也有一定的发展。辽代的统治者契丹族的贵族，为了维护统治，始终注意吸收内地文化，以拉拢汉人，对佛教也采取了保护和利用的政策。著名的房山石经也于此时由帝王拨款而得到大规模的续刻。佛教在女真族建立于中国北方的金王朝时代，也有所发展，并在许多方面沿袭了辽代的遗风。金代佛教中最为盛行的是禅宗，华严宗、净土宗和律宗等也有相当的发展。元代皇帝崇奉的则是喇嘛教。元世祖忽必烈即位前即召请西藏地区的名僧八思巴东来，并从受佛戒。即位后，又尊八思巴为国师，不久进封"帝师"、"大宝法王"等称号，令其掌管全国佛教兼统领西藏地区的政教。元代规定每个帝王都必须先就帝师受戒，然后才能登基。帝师制度是元代佛教的一大特点。元代除喇嘛教外，天台、华严、唯识等传统的佛教宗派也都余绪未绝，特别是禅宗比较流行。北方主要传曹洞宗，南方则以临济宗为主。此外，在江南还有白云宗、白莲宗等流传。

宋辽金元时期，佛教的僧制与清规也有进一步的发展。僧制，亦称清规，为中国佛教僧团制度。在印度佛教中，僧尼主要以戒律为生活规范，实行"三衣一钵，日中一食，树下一宿"。但佛教传入中国后，这种不事生产的乞食制度与中国自给自足的小农经济的社会生活不相适应,因而中国佛教僧团在遵奉佛教基本戒律的同时,还制定了适应在中国社会过团体生活需要的有关规定,官方政府为了加强对佛教的管理,也常常为僧尼制定一些法规。中国佛教僧团制度,亦即通行的丛林清规,在宋元时基本成为定式。丛林,意谓众僧和合共住一处,如树木丛集为林,指佛教多数僧众聚居的寺院,也取喻草木生长有序,表示僧众有严格的规矩制度。清规,意谓清净的规则。丛林清规,即寺院的规则,它本是中国禅宗寺院组织的规程和寺众日常行事的章则,形成于唐代。中唐以后,禅宗盛行,百丈怀海禅师根据中国国情和禅宗特点,制定了丛林新制,世称"百丈清规"。《百丈清规》流行到北宋,历有增订。至元代,更由朝廷敕修,使之成为历代寺院的基本法规。

佛教的译经、刻经与佛教史学在宋辽金元时期也有发展。这个时期的译经,除了汉译之外,也出现了回鹘文、西夏文、蒙古文、藏文等多种少数民族文字的译经,这些译经有的直接译自梵文,有的则是从汉文等转译的。宋代的译经虽然对中国佛教的影响不大,但宋代的刻经却对以后佛教的传播和发展起了相当大的影响。有宋一代,共刻有六个版本的大藏经。辽代也刻成了著名的契丹藏。金代则有1933年在山西省赵城县广胜寺发现的金藏印本,通称"赵城藏"。元代也曾刻成大藏经数部,包括西夏文大藏经和蒙文、藏文的大藏经,可惜有的印本久已佚失。

这个时期,佛教除了译经和刻经之外,在编纂佛教史书方面也有很大的发展,如宋初赞宁撰写的《宋高僧传》三十卷和《大宋僧史略》三卷等。另外，入宋以后，佛教以禅宗为最盛行，宋代禅宗继承唐以来的传统，编写了大量记载本宗传法谱系的灯史方面的著作，如《景德传灯录》三十卷与普济的《五灯会元》二十卷等。

在佛教宗派方面，入宋以后，由于理学的形成和被定于一尊，佛教的思辨精华又为其所吸收，因而佛教本身的发展日趋衰微，但隋唐时形成的佛教各宗派，除三论宗、三阶教等之外，大都仍继续维持，并在社会上有所传播，特别是禅宗和净土宗，还一度比较盛行，并在演变发展中形成了一些不同于以往的新特点。

到了明清时期，中国佛教的发展几乎完全处于停滞阶段，不但失去了隋唐时期的蓬勃生气，而且由于宋儒援佛入儒，吸取了佛教的思辨精华，使佛教在三教融合的趋势中日益减弱了它本身独立存在的价值，许多宗派都是仅存形式而已。而在另一方面，由于佛教与传统文化的不断融合，这个时期的佛教已经潜移默化地渗透到了中国社会文化的各个方面，特别是在与民间信仰的结合中，与民俗进一步调和，使佛教的某些教义更深入人心，具有了更广泛的社会基础。这个时期的佛教教理基本上没有什么发展，只是在一些居士中兴起了一股研究佛学的风气，形成了这个时期佛教的一个特点。明清时期的佛教理论没有什么新的发展，但这个时期的佛教著述仍大量出现，经藏的刻印也在中国佛教史上有一定的地位。

从佛教宗派来看，中国佛教自宋代以来诸宗之间就不断趋于融合，明清时期，大多数宗派都已徒有其名，谈不上自立门户的独立的发展,只有禅宗和净土思想仍在社会上传播,但也缺少了过去的那种生机。不过,其影响仍然不可忽视。禅宗作为这个时期佛教各宗中最盛行的一个宗派,不仅有大量灯史语录问世,而且还出现了相当一批比较著名的禅师,分别传禅于大江南北。在这个时期,沩仰、云门与法眼三家均已不传,只有临济与曹洞两系,仍维持着一定的规模,其中又以临济为盛,但若就思想方面而言,曹洞似乎要略胜于临济。至于净土宗,自宋元以来,净土法门就已成为佛教各宗的共同信仰。明清时期就更是如此。天台宗、华严宗等在整个明清时期,都只能算是勉强维持,在教理上并没有什么发展,律宗也是相当的衰微。只有唯识宗比较特殊,唯识宗在明初几成绝学,明清之间虽传承不绝,总体比较消沉。直到清末,它才在一些居士和知识分子中间重新得到"复兴"。

中国佛教到了近代则出现了一些与以往不同的新特点。一方面,中国化的佛教潜移默化地渗透到了社会生活和文化的各个领域,特别是与民间信仰和习俗融合在一起,而作为一种相对独立的文化形态,却十分衰落;另一方面,许多忧国忧民的志士仁人在民族危亡之秋力图到佛教中去寻求救国救民之道和变革社会的精神动力,从而促进了佛教文化的一度复兴,而由于西学的东渐,许多思想家的佛学思想又明显地打上了西学的烙印。一些教门中的有识之士有鉴于教门的衰落而发起的佛教改革运动更是形成了这个时期佛教文化的基本特点。

近代佛教的衰落表现在教理荒芜、教制松弛和教产攘夺等许多方面。面对佛教的种种衰败景象,许多佛教界人士大声疾呼革新佛教,并结合时代的需要而为振兴佛教作出了不懈的努力。特别是太虚法师,立志以"佛化救国救天下",发起了近代佛教的复兴运动。敬安、月霞和谛闲等也都对近代佛教文化的复兴做出了各自的贡献。欧阳竟无等一批居士佛教学者在其中所起的作用也是令人瞩目。而谭嗣同和章太炎等重要思想家出于变法或革命的需要而对佛学的研究和阐扬也在客观上大大推动了近代佛教的复兴运动。

近代佛教文化的复兴,表现在许多方面。概括起来看,主要表现在:不仅佛教僧侣和居士研习佛学,许多有影响的思想家和革命家也都致力于佛学研究,有的甚至把佛学作为自己思想体系的重要理论来源或主要理论依据;在杨文会创办的金陵刻经处的影响下,全国各地纷纷成立了刻经处或佛经流通处,佛书大量出版,佛经重新流通,我国第一部铅字版的佛教大藏经《频伽藏》也于 1909 年在上海付印;各种类型的佛学院在南京、上海、武昌、厦门、北京等地先后创办,为近代佛教事业培养了一大批僧伽和佛学研究人才;"中华佛教总会"、"居士林"、"三时学会"等各种佛教组织和佛学研究团体大量涌现,一些佛教团体所办的学校、医院等社会慈善事业也有相当的发展;《海潮音》《内学》《佛学丛报》等百余种佛教刊物如雨后春笋般地在全国各地出版,这些佛教刊物虽然出版发行的时间有长有短,但都从一个侧面反映了佛教文化事业的发展,并促进了近代佛教的复兴;汉藏佛教文化在近代有进一步的沟通,"汉藏教理院"等介绍或研究藏传佛教的机构先后成立,并出现了不少有关的著作和论文;中外佛教文化的交流在这个时期也相当活跃,许多僧人前往印度、日本、斯里兰卡等地求法学佛,回国后介绍这些国家的佛教情况,传译在各国流传的各种经典著述,从而促进了中外佛教文化的交流;佛教文化作为中国传统思想文化的重要组成部分逐渐为学者所重视,佛学开始进入大学课堂,并在中国哲学史和中国学术思想史的研究中占据了一席应有之地。

佛教文化在近代得以复兴,与不少思想家面临"中国向何处去"的问题而力图从佛学中寻找政治变法或社会革命的思想武器有密切的关系,与佛教本身强调"无我"、"无畏"、重视"度人"和主体精神的作用等特点也有很大的关系,特别是佛教"万法唯识"的理论可以被改造发挥为在变革社会的过程中高扬自我意识,充分发挥人的主观能动性。因此,在近代复兴的佛学中法相唯识学成为最突出的显学,而面向现实社会人生的"人间佛教"则成为近代佛教文化思潮的主流。

近代中国佛教的复兴与佛教的革新运动有着密切的关系,近代中国佛教的发展及其特点与"人间佛教"也紧密相连,而佛教革新运动与人间佛教的提倡与推行,都是与近代佛教史上的著名高僧太虚法师的努力分不开的。太虚(1890—1947)一生致力于佛教文化的复兴,1913年,他正式提出了教理、教制、教产"三大革命"的口号,其后又写了《整顿僧伽制度论》等许多重要的文章,补充和完善自己的佛教革新思想,并提出改革佛教的具体主张,倡导建立新的僧团制度,推进"佛教复兴运动",这在佛教界引起了极大的震动,并对近代佛教的发展产生了深刻的影响,太虚本人也因此而成为近代佛教革新和复兴运动的领袖人物。

太虚倡导的佛教革新运动虽然没有取得完全的成功,但佛教革新运动所提倡的"人间佛教"的基本精神却对近现代佛教发展的走向产生了深远的影响。太虚在倡导佛教革新、推动佛教复兴的过程中,曾写下了许多文章并发表了大量的讲话,积极提倡建设"人间佛教"。所谓"人间佛教"就是在人间发扬大乘佛教救世度人的精神,多关注现生问题,多研究宇宙人生的真相,致力于推动人类的进步和世界的改善,建设人间净土。太虚倡导的"人间佛教",在当时就引起强烈反响。太虚以后,中国佛教的发展逐渐走上了"人间佛教"的道路。特别是 20 世纪 60 年代以来在台港兴起的新型佛教团体和佛教文化事业,均以面向现代社会和人生为主要特征,以创办新式教育、融贯现代科学文化精神、借助现代传播手段来弘法传教,努力契合现代人的心理和精神需要,关注人生,服务于社会,并在随应时代的不断除旧创新中赋予佛教以新的活力,开拓佛教在现代社会发展的新途径。中国大陆的佛教在改革开放以后,也不断提倡人间佛教的思想以期自利利他,实现人间净土。由此,绵延二千年之久的中国佛教走上了新的发展道路,开始了新的历史进程。

# 第三章 中国化佛教的思想精义

佛教一向以高超的思辨和深邃的思想著称于世，以至于有"哲学的宗教"之称。博大精深的佛学传至中土后，与儒、道为主要代表的中国思想文化融合发展，形成了富有中国特色的中国佛学思想。富有中国特色的中国佛学是"国学"的重要组成部分。中国佛学虽然形成了自己的特色，但其理论基础并不离佛教的根本教义学说，它是在中国这块土地上对印度佛学的继承与发展。当年，释迦牟尼悟道成佛后，就开始向大众宣说自己所证悟的宇宙人生的真理。以缘起、业报、智慧解脱等为主要内容的佛教根本教义学说，也成为中国佛教绵延发展的重要理论基础。中国佛教各家各派的理论学说虽各有特色，但对佛教的这些最基本的原理，则都是坚持的，并顺应中国社会人生的需要而做了新的发展。隋唐时期创立的佛教八大宗派的理论学说，既是佛教中国化的重要理论成果，也凝聚了中国佛学的精义。特别是其中的天台宗、华严宗与禅宗，是最具中国特色的佛教宗派，中国佛学的精义也非常集中地体现在这三个宗派的理论学说之中。

## 一、智慧解脱论：缘起业报与心解脱

佛教作为一种宗教，解脱问题是它理论中最根本、最核心的问题。在佛教看来，人生是苦海，只有从生死轮回中解脱出来才能达到理想的解脱之彼岸。而佛教的解脱论是奠定在"慧解脱"之基础上的，即只有凭藉智慧才能获得解脱，它十分强调一种无上智慧（菩提）的获得，追求一种大彻大悟的理想境界。释迦牟尼当年在菩提树下就是证得了无上智慧，彻悟了宇宙人生的一切真谛，从而获得根本解脱的。成佛，就是成为觉悟者。为了帮助大家觉悟解脱，佛教围绕着解脱的必要性与可能性展开了论证，形成了它富有特色的宗教哲学。

在佛教理论中，最基本的是"缘起论"，意谓一切事物和现象都处在普遍的因果联系之中，都依一定的条件而生起。缘，指一切事物和现象所依赖的原因和条件；起，就是依条件而生起。缘起论是佛教全部理论的基石，也是佛教各家各派展开其理论与实践的根本依持。在佛教中，缘起论的经典表述是："此有故彼有，此生故彼生；此无故彼无，此灭故彼灭。"缘起论表明，包括生命现象在内的世界上一切事物和现象，非命定，非偶然，亦非出自造物主之手，而是依于一定的原因和条件才得以产生和存在，也必将随着这些原因和条件的消亡而消亡。因此一切生起的事物，本质上也就是归于消亡的事物，事物总是在不断的生灭变异之中。佛教正是从缘起论出发，认为诸法无我，即包括人、神在内的万事万物，皆无起主宰作用的精神主体或灵魂,皆非永恒不变,从而否定了婆罗门教的神意决定论,提倡众生平等说。

缘起论具体展开来说明人生现象,就有所谓的"四谛"。四谛,即佛教所讲的四个真理,它包括苦谛、集谛、灭谛、道谛。其中"苦"、"集"二谛旨在分析说明众生在世间轮回流转的因和果。"苦"是佛教对人生的基本价值判断。"集"是说明"招聚、集合"痛苦的原因,其内容又可通过因果相关联的所谓"十二因缘"来表现,其中最根本的是众生的无明和贪欲,导致了种种"惑业"。"业",泛指一切身心活动。佛教一般将"业"分为身、语、意三类。佛教认为,身、语、意三业的善恶,必然会引起相应的果报。且"业"不仅是当下的行为,它本质上是一种动态的力能,一般称之为"业力",当下的行为结束后,它还以潜势力的方式绵延不息,直到"因"生起相应的果报为止。生死轮回乃至人生的一切痛苦,就来自业力的牵引,这就是所谓的"业报轮回"。佛教认为,善有善报,恶有恶报,这是铁的因果律。因此,要获得解脱,就要"诸恶莫作,众善奉行"。

四谛中的"灭"、"道"二谛就是说明断除烦恼、获得出世解脱的因和果。"灭"意谓灭除烦恼与痛苦,即断灭一切惑业,消除世俗诸苦得以产生的一切原因,从而超脱生死轮回,证入无苦的解脱境界。这种境界,在佛教中也称之为涅槃。要证得涅槃,就需要正确的修行方法和途径,这就是"道谛"的内容。"道"即道路,灭苦之道,意为达到寂灭、实现解脱的途径与方法。具体则有所谓"八正道":"正见"(正确的见解)、"正思惟"(正确的思维)、"正语"(正确的言语)、"正业"

（正确的行为）、"正命"（正当合法的生活）、"正精进"（正确的
努力）、"正念"（正确的信念）、"正定"（正确的禅定）等。佛教
认为，只要按照这些正确的方法修行，即可由凡入圣，由迷到
悟，最终由生死之此岸到达涅槃解脱之彼岸。因此，八正道
也被喻为"八船"或"八筏"。

　　佛教的解脱是断灭生死、出离烦恼。从原始佛教开始，
就强调通过证得智慧而实现主观世界的根本改变，认为"若
心不解脱，人非解脱相应。……若心解脱，人解脱相应"。大
乘佛教从"生死与涅槃不二"、"烦恼与菩提不二"出发，更突
出了依持清净的自心自性觉悟解脱的重要性。

　　上述这些理论学说，是中国佛教思想精义的基本出发
点。中国化佛教的思想虽然形成了自己的特色，但其理论基
础并不离佛教的基本教义和思想学说，它是在中国这块土地
上对印度佛教思想的继承与发展。因此，佛教的缘起无我、
业报轮回、智慧解脱，以及四谛、十二因缘、八正道等基本理
论和实践要求，既构成了中国化佛教思想最基本的理论基
础，同时，它们本身也应视为是中国佛学的重要内容。

## 二、天台宗的调和融合与性具实相说

　　天台宗是中国佛教史上创立最早的一个佛教宗派，它是
在统一南北佛教的基础上融合传统思想文化而建立起来的
中国化的佛教宗派，它在"方便"法门的旗号下对佛教的各类
经典和不同学说做出了折中，对南北各地形成的不同学风进
行了调和，并对中印两种不同的思想学说加以融通，调和性

与融合性成为它的重要特点。这主要体现它的会三归一与止观并重。

天台宗以《法华经》为本宗的"宗经",并据此提出了"会三归一"的理论。《法华经》中提出,佛的各种教法都是教化众生成佛的方便手段,诸佛以方便力,于一佛乘分别说三,即所谓"声闻"(听闻佛的言教而觉悟者)、"缘觉"(观悟十二因缘之理而得道者)和"菩萨"(修六度,求菩提,利益众生,未来成佛者)三乘,这都是佛的方便说,实际上只有佛之一乘。天台宗根据这一经义,提出了"会三归一"的理论,即认为声闻、缘觉和菩萨的"三乘"教义,最终都会归于一佛乘。这一理论的实际意义在于:一方面把天台宗的教义说成是至上的"一乘",另一方面又为调和融合其他学说打开了方便之门。天台宗正是在"会三归一"的名义下把佛教的不同教义乃至中国传统文化中的不同思想"会归"到了天台宗的教义学说中来。

同时,天台宗正式提出了止观并重、定慧双修,并把它作为最高的修行原则。止,即禅定,乃是使精神专注;观,即智慧,乃是在止的基础上观想特定的对象而获得佛教的智慧或功德。止观本是佛教的基本修证方法,但南北朝时期,由于南北分裂,北方重禅法,南方重义理,止观被析为两途。天台宗则把两者有机地结合起来,其整个学说体系,都是围绕着止观而展开的。天台宗止观并重、定慧双修的宗风之确立,标志着南北朝时期北方佛教重禅修而南方佛教重义理的不同学风得到了融合与统一,也标志着隋唐时期中国佛教的发展进入了一个新的发展时期。在天台宗以后建立起来的隋唐佛教各宗派,例如法相唯识宗、华严宗和禅宗等,也都是强调理论与修行并重的。

"性具实相说"则是天台宗最具特色的理论。性,指法性,亦即真如,是佛教所谓的精神本体。天台宗认为,世界万法都是本来具足的,千差万别的事物和现象当体就是实相(真实的相状),都显示了法性真如的本相,这就是性具实相说的基本观点。其义理主要又有相互联系的两个方面,即"三谛圆融"和"一念三千"。

"三谛圆融"是说,佛教关于空、假、中的三种真理,"虽三而一,虽一而三,不相妨碍",它们就是"诸法实相"的基本内涵,是真理的三个方面,故称"三谛"。这三谛相即相通,圆融无碍,故称"三谛圆融"。所谓一空一切空,无假中而不空;一假一切假,无空中而不假;一中一切中,无空假而不中。因此,观空、假、中三谛并没有时间上的先后问题,"三谛具足,只在一心","一念心起,即空、即假、即中"。天台宗的这种理论,在"一念三千"中有更进一步的发挥。

"一念三千"是根据《法华经》的"十如是"思想发挥而成的。"一念",也称一心;"三千",指三千世间,它是对宇宙万有的总概括。天台宗认为,六凡(地狱、饿鬼、畜生、阿修罗、人、天)、四圣(声闻、缘觉、菩萨、佛)所见宇宙各不相同,由此构成"十法界"。这十法界之间是相互蕴含、相互转化的,每一界与另外九界是相通的。十法界各各互具,就成"百界"。百界中的每一界又各具"十如是"(《法华经》提出的把握诸法实相的十个方面),即成"千如"。百界千如各有众生、国土、五蕴这三种世间,便成"三千世间"。天台宗认为,"此三千在一念心,若无心而已,介尔有心,即具三千"。这里的三千,实际上并不拘于名数,它是对整个宇宙的总概括。"一念三千"实际上就是"宇宙万有,惟一心作"的意思。

从根本上说,天台宗的"一念三千"与"三谛圆融"是相通的,虽然"三谛圆融"似乎更多地论证了法与法之间空假中三谛的圆融,"一念三千"则更多论证了心法之间的圆融无碍,但两者都是"性具实相说"的理论展开,都统一于"心即实相……心是诸法之本"的基本立场,体现了天台宗理论的圆融特色。

根据以上观点,天台宗提出了它富有特色的解脱修行理论。既然六凡四圣"十界"各各互具,那么众生本性也就"性具善恶",即既具有地狱、饿鬼等界的恶法,也具有佛界的善法,众生与佛在根本上也就没有什么差别,迷即众生悟即佛,这就为一切众生皆有佛性、皆得修行成佛作了理论上的论证。"性具善恶"理论也是天台宗"性具"学说的重要组成部分,并且是富有特色的一部分。

## 三、华严宗的一真法界与法界缘起论

华严宗的基本理论是法界缘起论。法界,意义近似于"存在",包括物质的存在与精神的存在。华严宗以"一真法界"为万法的本原,认为世界上一切现象都是"一真法界"随缘(随各种条件)而生起。"一真法界"也叫"一心法界",实即真如佛性,因此又称"性起缘起"。缘起的各种现象之间你中有我,我中有你,相即相入,圆融无碍,处于重重无尽的联系之中,因此又称"无尽缘起"。华严宗专门立四法界、六相圆融、十玄门等来说明这无尽缘起的理论。

"四法界"说的是:(1)事法界,指宇宙万有事法,互相区分,具有差别性。(2)理法界,指不同的事物有共同的本体、本性,这就是真如佛性。(3)理事无碍法界,理是事的本体,事是理的显现,差别的事法与同一的性体相互依存,交融无碍。(4)事事无碍法界,既然一切事物和现象都是同一理性的体现,一切即一,一即一切,那么千差万别的事物之间也就是相即相融、彼此无碍的了。华严宗认为,四法界是"一真法界"圆融无碍的义相:"统唯一真法界,谓总赅万有,即是一心。然心融万有,便成四种法界。"华严宗曾以大海中水与波的关系来喻理、事关系。它以波涛起伏、千变万化的大海来喻"事法界",说明宇宙万有的差别性;以大海波涛万顷,归宗于水来喻"理法界",说明差别性的事物有共同的本体;以大海水波交融、无碍一体来喻"理事无碍法界",说明有差别的事物(事)与同一的本体(理)相互依存、交融无碍;以大海波波相即、包融涵摄来喻"事事无碍法界",说明一切即一、一即一切的道理。把法界(各种存在)归之于一心,论证事物之间的圆融无碍,这是"四法界"的重点,它为现存一切的合理性提供了理论上的"根据",因而这种理论在当时受到了统治者的欢迎。

"六相圆融",亦称"六相缘起",即从总相、别相、同相、异相、成相、坏相等六个方面来进一步说明"法界缘起"。华严宗认为,整体与部分、同一与差别、生成与坏灭这"六相"是相辅相成地同时表现在一切事物之中,也同时表现在一个事物中。它表明,一切事物和现象虽然各有自性,却又都可以融合无间,毫无差别。依持"一真法界"而起的一切现象,它们之间的关系都是由六相而形成的错综复杂的缘起关系。华严宗曾对此有概括性的解说:"一即具多名总相,多即非一是别相;多类自同成于总,各体别异现于同;一多缘起理妙成,坏住自法常不作;唯智境界非事识,以此方便会一乘。"

华严宗还立"十玄门"来说明重重无尽的法界缘起之奥义。"十玄门"也称"十玄缘起",此说首创于智俨,称"古十玄";完成于法藏,称"新十玄"。两者内容差异不大,次第有所不同。根据法藏的说法,这十玄门是:(1)同时具足相应门。(2)一多相容不同门。(3)诸法相即自在门。(4)因陀罗网境界门。(5)微细相容安立门。(6)秘密隐显俱成门。(7)诸藏纯杂俱德门。(8)十世隔法异成门。(9)唯心回转善成门。(10)托事显法生解门。华严宗认为,以上十门是一切万有都具备的法门,它要求人们用佛教的观点去观察一切现象,看到彼此差别的事物之间相即相入、圆融无碍的关系。法藏还特别指出,这十玄门相互之间也是"一即是多,多即是一"的关系,表现了"法界缘起"的道理。他说:"此上十门,皆悉同时会融,成一法界缘起具德门。……然此十门,随一门中即摄余门无不皆尽。""十玄门"与"六相圆融"会通,构成了华严宗"法界缘起"的中心内容。

华严宗无尽缘起的理论,在佛学中被认为是最为"玄妙"的,常人很难理解。为了使繁琐、晦涩的教义易于为人们所掌握,扩大华严宗的影响,华严宗的创始人法藏曾在通俗化方面做了许多工作。例如他为武则天讲"六相"、"十玄门"

等,武则天"茫然未决",难以理解和掌握,法藏乃随手举殿前的金狮子为譬喻,说"一一毛头各有金狮子,一一毛头狮子同时顿入一毛中,一一毛中皆有无边狮子,如是重重无尽。"据说武则天这才豁然开悟。又有一次,法藏为了帮助一些不了解重重无尽之义者懂得这种微妙的道理,特取十面镜子,"八方安排,上下各一,相去一丈余,面面相对,中安一佛像,燃一炬以照之,互影交光",使学者因此而"晓刹海涉入无尽之义"。通过这些形象的教学,不仅使学者对华严宗无尽缘起、圆融无碍的抽象教理有了感性的认识,而且吸引了大批的听众和信徒,华严宗的影响也因此而日益扩大。

华严宗的全部理论是围绕着理事的范畴来展开的,这对范畴虽不是华严宗的首创,但在中国思想史上,华严宗首次对其作出了系统的阐发,形成了一套完整的理论,影响非常深远,例如宋明理学所说的"理一分殊",乃至所谓"体用一源,显微无间",都是在华严宗的理事学说影响下形成的。

## 四、禅宗的教外别传与明心见性论

禅宗,特别是由惠能开创的南宗禅,可视之为中国化佛教的典型代表,它以其简洁明快的方式、生动传神的语言风格、玄远隽永的意境赢得了社会各阶层,特别是文人士大夫的喜爱。可以说,南宗禅兴起后,不仅中国的哲学、文学、艺术等各领域都深受其影响,而且对铸造中华民族心理和民族精神也发挥着重要的作用。

禅宗奉菩提达摩为东土初祖。达摩以下,历代祖师,依次相传佛之心印,所谓"教外别传,不立文字,直指人心,见性成佛",可简称"明心见性",故而禅宗又称佛心宗,或心宗,这也是禅宗区别于依据经论疏解建立宗派的天台、华严等的重要标志。在禅宗历史上,明心见性之说表现出不同的形态,其中比较具有代表性的有达摩的"安心"、东山法门的"守本真心"、神秀北宗的"息妄修心"、惠能南宗的"直显心性"以及作为南宗弟子重要代表的马祖道一的"平常心是道"等说。

1. 达摩禅。达摩在禅学上主张一切众生本具如来藏自性清净心,因被客尘污染,故须舍妄归真,在禅法上提出"二入四行"的"安心"实践。"二入"为"理入"和"行入","理入"就是"藉教悟宗",即凭藉"种种教法"而悟道。要求通过经教而"深信含生,凡圣同一真性",即一切众生皆有真性佛性,皆能解脱成佛;众生之所以轮回于生死而未能成佛,是因为清净的佛性为客尘所障覆,不能显了。要以佛理来指导自己的修禅,通过"凝住壁观"而"舍妄归真",并"不随于言教",即舍弃言教而悟道,从而证入"与道冥符"之境,"无自无他,凡圣等一",实现解脱。这种禅法理论体现了熔佛教空、有于一炉的特征。"行入"即所谓"四行":一者报怨行,即在受苦之时,认识到所受的一切苦难都是自己过去所作所为的报应,非他人所造成,因而无所抱怨,"逢苦不忧"。二者随缘行,是在"报怨行"的基础上进一步以佛教"诸行无常"、"诸法无我"等基本理论来分析人生的苦乐现象,从而要求修行者"苦乐随缘","得失随缘",不生喜乐之心。三者无所求行,即强调要对一切都无所贪求,信奉"有求皆苦,无求乃乐"。四者称法行,即全面地按照佛教的要求去行动,以与性净之理相符契。

此四行之说,不再注重传统禅法静坐、调息等繁琐的修持形式,而是以"安心"为目的,要求在契悟真性的基础上无贪无著、苦乐随缘,对禅宗未来的发展有很大影响。

2. 东山法门。道信、弘忍之时,在湖北黄梅东山聚徒定居,弘法开禅,农禅并作,生产自给,大弘明心见性之法,虽在黄梅,影响华夏,世称"东山法门"。东山法门明心见性的要义在于"守本真心",其中的"心"主要是指融摄空有的如来藏自性清净心。此心本自清净无染,藏于众生之中,无始以来受无明妄习熏染不得显现,犹如日月当空,乌云盖覆,不能明见,若无妄念浮云,众生心性明净,与佛如来无异。佛由心生,因此东山法门认为应"以心为师","一切万法不出自心",自心是万法之本,并进而提出修行的关键在于"守心"的主张。至于如何"守心",道信、弘忍都提出了一些方便禅法,从坐禅、调息到舍身、念佛等等。所谓方便即是途径、手段,其目的还是要达到对心的认识和体证。如道信提倡的念佛法门,并不重视其具体方位及其念相,而是要达到"无所念者,是名念佛"乃至"念佛即是念心"的"一行三昧"境界。

弘忍门下弟子众多,人才辈出,形成了许多不同的禅系,其中以神秀系和惠能系为最主要的两支,世人遂有"南能北秀"之称。在禅法上,北宗更重视渐修,南宗更强调顿悟;在禅理上,北宗更倾向依于常住真心,南宗则更注重立于当下无住之心。从行证的角度看,北宗的明心见性立足于"行",突出"观心"而息灭妄心,故而后人称其为"息妄修心宗";南宗的明心见性则立足于"证",突出行住坐卧真心不失,故而又称为"直显心性宗"。禅门中流传神秀和惠能呈送给弘忍的偈颂,即"身是菩提树,心如明镜台,时时勤拂拭,莫使有尘埃"与"菩提本无树,明镜亦非台,本来无一物,何处惹尘埃"比较形象地反映了二者之间的差异。

3. 神秀北宗禅。神秀北宗继承了东山法门重视真心及守心的传统,同时强调其重要的前提是"观心"和"息妄"。所谓"观心",即善知心之根源及诸体用。所谓心之根源及诸体用,即主要是指众生心虽在根源上以真心为依持,但现实层面亦是分为真心和妄心,依真净心即得解脱,依染妄心即落轮回,二者一体同源、互不相生,所以"观心"的根本目的则是要去恶离染、摄心守净。摄心就是身心不起,常守真心;离恶就是心体离念,六根清净。神秀北宗将这种观心息妄以求守净发用的理念运用到具体的修行中,对"修伽蓝、铸形象、烧香、散花"等形式主义的求佛道之行进行了重新诠释。例如,他认为"永除三毒,常净六根"就是"修伽蓝",因为"伽蓝"就是"清净处地"的意思;"熔炼身心真如佛性"就是"铸形象",因为观心解脱就是"自然成就真容之像"。

北宗禅法后来遭到惠能门下特别是神会的诘难,被认为"传承是傍"、"法门是渐",加之其所住道场因距离政治中心较近,多依赖寺院经济和官宦支持,安史之乱及会昌法难之后,北宗传承日益衰落,几近无闻。

4. 惠能南宗禅。在北宗禅衰落之际,惠能南宗则演化出"五家七宗",遍及大江南北,使得南宗日益成为中国禅宗的主流。从禅学思想上看,惠能南宗继续中国禅宗融会空、有的倾向而更进一步地突出了以空摄有,将带有实在论倾向的可守、可观的真心与可摄、可息的妄心一并拉回到众生当下无住之心上来，其注重的是当下活泼泼的众生之人格成就，而不是去追求一个抽象的精神实体；其关心的是众生当下的解脱，而不是真如与万法的关系。正是在这一意义上，惠能南宗不仅认为"禅非坐卧"，指出静坐形式并不是悟道的必要条件，而且认为"观心看净"已落入起念作意之中，是执著"净相"的表现，因为心念相续，本性无住，自性清净，清净是本无形相的。惠能曾以"无念"、"无相"以及"无住"等"三无"禅法作为禅宗心要，而且特别抬高"无念"，认为"悟无念法者，万法尽通；悟无念法者，见诸佛境界；无念法者，至佛地位"，并同时强调其内涵不是北宗那种"心体离念"之义，而是"于念而不念"，这也从一个侧面反映了惠能南宗依于当下之心的特色。在具体修行方面，惠能南宗继承禅宗将一些社会上流行的外在形式主义的具体修行融入内在修心活动之中的做法，甚至将其运用到自身内部，例如认为修禅并不一定非要坐，"但行真心"，便可以行、住、坐、卧皆是禅；又认为一切佛教经书，"本自人兴"，"因人说有"，持经应该以心转经而不是被经转。更值得注意的是，惠能南宗还据此当下之心而系统地重塑了一套大乘无相戒法，对三身佛、三皈依、四弘誓愿、忏悔等传统佛教的核心仪式进行了重新解释，例如将佛祖解释为自心觉悟的尊者，将经法解释为心正之载体，将僧伽解释为心性清净的代表，所以皈依佛、法、僧并不是向外皈依，而是皈依自心之觉、正、净。惠能南宗这种立于世间众生心而融摄传统禅宗乃至整个佛教教义及其修行方式的做法，无疑对中国佛教的进一步世俗化起到了非常重要的作用。

　　5. 马祖的"平常心是道"。惠能弟子乃至五家七宗以惠能所传的立于当下现实之心的明心见性说为理论基础,在禅法禅风上大大丰富了南宗的修行实践,尤其是怀让门下马祖道一将"心"发展到"人",从肯定人心走向肯定人的身心全体大用,认为应当从当下一举一动、一言一行中去证悟自己本来是佛,身心任运、自然自在的自身全体就是佛,从而为禅宗乃至整个佛教进一步冲破藩篱进而走向"人间佛教"之路提供了思想行动资源。马祖的"平常心是道"集中体现了他的禅法特色。

马祖把惠能的"无念心"发展为"平常心",使惠能所言之心为当下现实之心的特点更为突出。所谓一心的觉悟,并非是一种不可企及的外在追求,而是要摆脱一切人为的取舍与执著,返归生命本身,直下承当生命原本的真实,这就是所谓平常心。它是念念不住的生命之流,原本无有取舍、无所执著,亦无染净真妄可言,只是自然运为,当下即是。因此只要一切任运,随顺自然,饥来吃饭,困来即眠,则现实生活中举手投足、担水劈柴等一切作为,都具有真实的意义与价值,无不体现了禅意。凡圣的差别只在一念之间,凡夫因迷而执著,圣者因悟而随顺。因此马祖特别注意于日常行事中启发人们去发现并认识自身的价值,把每个人自己视为无价大宝。据禅史记载,大珠慧海初参马祖,欲求佛法,马祖对他说:"我这里一切也无,求甚么佛法?自家宝藏不顾,抛家散走作么?"慧海还不明白,问:"阿哪个是慧海宝藏?"马祖说:"即今问我者,是汝宝藏!一切具足,更无欠少,使用自在,何假外求?"慧海言下大悟。

6. 临济宗与曹洞宗。在五家七宗中,以临济宗与曹洞宗影响最大。临济宗的开创者为临济义玄，他以"三玄"、"三要"、"四料简"等接引学人，棒喝交施，机锋峻烈。至大慧宗杲，开始提倡"看话禅"，即将禅宗公案中的某些语句作为"话头"，使参禅者通过参究"话头"来起大疑情，扫荡知解而突然彻悟。这种"看话头"的参禅方法一直流传至今。

曹洞宗的开创者为洞山良价与曹山本寂。曹洞宗继承了石头希迁"即事而真"的见解，以各种"五位"来接引学人，其中"正偏五位"表明理事的回互，是五位说的根本。宋代，宏智正觉倡导"默照禅"，主张摄心静坐，默游内观，与大慧宗杲倡导的"看话禅"形成鲜明的不同。

# 第四章 璀璨的中华佛教文化典籍

佛教传入中国后,随着佛经的翻译和中国佛教著述的出现,佛教文献的汇编整理开始引起重视。佛教经律论三藏文献最初主要以抄本的方式得以流传和保存,上个世纪初发现的敦煌遗书可为其代表。唐五代雕版事业的兴起,极大地改变了佛教文献的传播方式。从宋太祖开宝四年(971)在益州雕印第一部大藏经《开宝藏》起,官版或私版佛教藏经,历代刊刻不止,它们以汇编丛书的形式展现了中国佛教的传播与发展,并为中华传统文化宝库增添许多珍品。

## 一、经律论三藏的翻译与注疏

佛教的典籍文献,一般以"三藏"或"藏经"称之,亦称"大藏经"。《大藏经》是佛教典籍的丛书,又称一切经、藏经或三藏,原指汉文佛教典籍,现泛指一切文种的佛教典籍丛书。《大藏经》的内容以经、律、论为主,也包括印度、中国等其他国家的一些佛教撰述。

佛教的典籍文献的形成有一个过程。据相关记载,佛教史上经过多次结集,才逐渐形成了佛教经典。例如第一次结集确定了《阿含经》的基本内容,第二次、第三次结集对内容做了审定、整理,第四次结集对经、律、论三藏进行了注释,最后形成了经、律、论三藏的分类方式。经,是指由佛弟子结集的释迦牟尼佛宣说的教言,是佛教教义和信仰的基本依据。律,是指由佛陀制定的各种戒律。论,是指佛弟子和佛教学者对经、律的解释或阐述,有些作者也被奉为菩萨。由经、律、论组成的三藏经典,是汇集佛教一切经典的佛教全书。另据南传佛教的有关记载,公元前 3 世纪时,阿育王崇信佛教,派传教师向周边国家和地区传播上座部佛教。大批被派往斯里兰卡的比丘,以大寺为中心建立了上座部佛教僧团。至公元前 1 世纪左右,用巴利文记录的上座部佛教经律论三藏初步形成,此为巴利文大藏经的原形。

随着佛教经典的不断增多,佛教用"藏"将佛教经典汇集起来。"藏"是梵文的音译,原指装东西的箱子或笼子,后特指佛教经典丛书。这是因为结集佛经之时,古印度还没有纸张,佛经主要写在经过加工的贝多罗树叶上。一部典籍往往要抄在好多片贝叶上,然后捆扎起来,按顺序排放,称为"贝叶经"。将这些"贝叶经"放在一个箱子或笼子中,就称作"一藏"。随着时间的推移,按照佛教典籍所载内容分为经、律、论三藏成为最基本、最常用的一种分类,"藏"和"三藏"也就逐渐成为佛典及其分类的专有名称了。精通经藏的称为经师,精通律藏的称为律师,精通论藏的称为论师,通晓经、律、论三藏的则称为"三藏法师",如唐代远赴印度取经的玄奘,因精通"三藏"而被尊为"三藏法师"。

中国历史上有系统的佛典翻译始于东汉末年。公元 2 世纪下半叶,一批僧人经西域陆续来到中国,译出了大量的佛典,既推动了佛教在中国的传播发展,也为汉文《大藏经》的形成奠定了基础。东晋道安曾作《综理众经目录》,收录经书 639 部 886 卷,开佛经目录学之先河,也为后代继续整理佛经提供了有益的资料和经验。南朝梁代僧祐仿效道安的做法,"校阅群经,广集同异,约以经律",编成《出三藏记集》十五卷。共收经目 2162 部,4328 卷,此为我国现存最古的佛教经录文献。唐代道宣著《大唐内典录》十卷,收录了东汉至唐初的译者 220 人,经典 2487 部,8476 卷。不仅列出历代的经录,而且对重要的经录有所评论。有人认为这是中国第一部佛藏目录丛书。唐开元年间,智昇著有《开元释教录》二十卷,共收录汉代以来的译者 176 人,入藏经目 1076 部,5048 卷,其分类、编目等均成为以后大藏经编目和雕印的准据。

宋代以前的汉文大藏经,除房山石经外,基本上都是卷轴装帧的书写本。唐代雕版印刷术的发明,改手写佛经为木版雕印,为《大藏经》的制作提供了有利的条件,以后历朝历代修纂雕印佛藏似乎成为一种风尚。

随着佛教向周边国家传播,汉译《大藏经》也被传到各地。现朝鲜有《高丽藏》,日本有《黄檗藏》《缩刷藏》《弘教藏》、《卍字藏》(包括正藏和续藏)、《大正藏》等。其中影响最大的,也是人们今天使用最多的是《大正藏》(《大正新修大藏经》),该藏目前成为国际佛学界最通用的汉文版藏经之一。

现存《大藏经》除了汉文的之外,还有巴利文、藏文、蒙文、满文、日文以及西夏文等不同的系统。历史上曾有过契丹文《大藏经》的刻造,但目前尚未发现传世的刻本。

在佛教经典大量译出的基础上,中国佛教学者也开始注疏经典,并撰写相关论著,发挥佛教思想。在隋唐以前,汉译佛经对中国佛教的影响较大,到了创宗立派的隋唐时期,中国人的撰述则占了重要的地位。随着大量佛典的译出和研究之风的日盛,隋唐时期出现了众多名目各殊而性质亦有不同的佛典注疏,"其专分一经之章段者曰科文;其随文解释字句者曰文句;其随文解释义理者曰义疏;而此中因师口授,笔记所得,则谓之述记;其总论一经之大义,恒不随文出疏,而分门以释全书之内容,则常曰玄义;其集前贤注疏而成一书者曰集注……其疏之注释常曰疏抄;其字音之训释,则称为音义或音训。凡此名目繁多,不能具列。"(汤用彤:《隋唐佛教史稿》)这个时期还出现了大量中国僧人结合自己的体会创造性地发挥佛理的论著,有阐发天台、华严、禅宗等各家各派宗义的通论性著作,也有就形神、因果、佛性等问题展开论述的专论性著作,还有在儒佛道三教的争论中形成的各种护教之论等。例如智顗的"天台三大部"、法藏的《华严金狮子章》、惠能的《六祖坛经》等,这些都成为中国佛教文化典籍中的经典代表作。

## 二、写本、刻本与房山石经

在雕版印刷兴起之前,中国佛教文化的典籍文献,都是以写本的形式呈现。南北朝以来,写经之风大盛,甚至成为一种专门的行业。据统计,自南朝陈武帝下令写"一切经"十二藏起,至唐显庆末西明寺写"一切经"止的100余年间

(557—660)，皇室和民间写经达 800 多藏，200 余万卷，但保存至今的为数甚微，而且有很大一部分流失海外。

中国佛教文献的汇编大藏经，最初被称为"众经"、"一切经"等，大约在南北朝末或隋初，才开始使用"大藏经"一词。据《隋书·经籍志》和《历代三宝记》载，梁武帝萧衍在天监十四年(515)于华林园中总集释氏经典，由沙门僧绍撰《华林佛殿众经目录》四卷；天监十七年(518)，又命宝唱改定为《梁世众经目录》四卷，共收佛典 1433 部，3741 卷。这被认为是中国佛教经典编纂为大藏经的首次记录。

唐代雕版印刷出现以后，中国佛教文化的典籍文献也进入了刻本时代。唐咸通九年(868)刊刻的《金刚经》，是现存有确切纪年的最早的雕版印刷品，现藏大英图书馆。自北宋开宝年间(968—975 年)，第一部木版雕印的大藏经问世后，至民国年间，共出版过木刻和排印本大藏经 20 余种。

从历史上看，汉文的《大藏经》根据不同的朝代可分为《宋藏》《金藏》《元藏》《明藏》《清藏》等。每一个朝代又有不同的版本。例如北宋官版《开宝藏》、辽代官版《契丹藏》、金代私刻《赵城藏》、宋元私版《碛砂藏》、明代官版《洪武南藏》《永乐南藏》《永乐北藏》、明末清初私版《嘉兴藏》(又名《径山藏》)以及清代官版《乾隆藏》(俗称《龙藏》)等。这些大藏经都成为中国古代传世文献的重要组成部分，不仅具有重要的文献价值，也是珍贵的中华文物宝藏。

关于中国佛教文化的典籍文献，还应提到的是敦煌遗书和黑水城文献。敦煌遗书是指 20 世纪初在敦煌石窟藏经洞等处发现的经卷和文书。敦煌遗书总数约 5 万余件，其中大部分为中唐至宋初的写本,内容则可分为宗教文献和世俗文献两大部分,主要是佛教文献,约占总数的90%以上,包括经论、注疏、疑伪经、赞文、陀罗尼、发愿文、启请文、忏悔文、经藏目录等。敦煌遗书相对于现在通行的各种藏经来说,更为接近原貌,因此极具校勘价值。此外,敦煌遗书中还有不少中土已佚的经卷,如《坛经》的敦煌写本、《神会语录》、唐代因明注疏、三阶教典籍等,为学术研究提供了新的资料。

黑水城文献是指在今内蒙古自治区阿拉善盟额济纳旗东南的黑水城遗址发现的文献,几可与敦煌文献相媲美。黑水城文献有写本,有刻本,总数约在10万件以上,其中90%以上为西夏文文献,另有少量汉文、藏文、回鹘文、蒙古文、粟特文、女真文等文献,内容上则90%以上为佛教文献,包括汉传佛典、藏传佛典以及西夏撰述等,另有少量世俗文献。黑水城文献上接敦煌文献,其主体是西夏和元代文献,同时还包括一部分唐、宋、辽、金时期的文献,为研究11—14世纪的西域佛教史提供了第一手的材料。此外,有不少佛教文献不见于现存大藏经,具有很高的文献价值。

如果说以上介绍的都是写本和刻本的中国佛教文化典籍文献,那么下面来介绍一下石刻大藏经《房山石经》。房山石经,或称房山云居寺石经,位于北京市房山区白带山。隋大业(605—618)年间,沙门静琬鉴于北魏太武帝、北周武帝的灭佛教训,秉承其师南岳慧思的遗愿,开始于房山雕造石经,以防止佛经被毁。静琬去世后,弟子们继续他的刻经事业。唐末五代战乱,刻经亦告停顿。辽金时代,房山石经的雕造进入高潮,并得到了皇室和当地居民的大力支持。金末,刻经又陷停顿。房山石经的最后一期刊刻是在明代,有宣德三年(1428)所刻道经与明末万历、崇祯间所刻的《四十华严》等佛经。房山石经的雕造,历时一千余年,它虽不是一部完整的大藏经,但有其独特的历史文物价值与学术研究价值。1961年,房山云居寺塔和石经被国务院列入第一批国家重点文物保护单位。1956年起,中国佛教协会会同有关部门,对房山石经作了全面的考察、发掘和整理工作,历时数十年,对全部石经予以编号、拓印,总计拓印14510块经版,计1125部,3480卷,现已整理编辑出版。

此外,在佛教的发展过程中,还留下了大量的金石文献,如造像记、经幢、寺碑、塔记、塔铭等,可以补传统文献之不足,具有较高的史料价值。近年来在早期禅宗史的研究中有重大突破,正是借助于金石文献的发现与释读。许多碑石还具有较高的艺术价值,如《龙门二十品》、褚遂良《圣教序碑》、颜真卿《多宝塔感应碑》、柳公权《玄秘塔碑》等,是中国传统书法的精品。


## 三、中土重要佛教著述选萃

在两千多的中国佛教文化发展史上,留下了许多珍贵的佛教文化典籍,它们是中国佛教文化的结晶,是中华文化的宝贵遗产,也是人类文明的瑰宝。由于篇幅所限,这里仅选其中若干中土著述略做介绍。

1.《理惑论》。《理惑论》也称《牟子理惑论》,或简称《牟子》,相传为东汉末的牟子所著,一般认为成书于汉末三国

时。此论除去序和跋,共有正文三十七章,它集中反映了佛
教传入初期在中土引起的反响,是考察东汉三国时期佛教流
传情况的极为重要的历史资料,特别是其中最早提出了佛、
道、儒三教一致论,对后世的影响很大。此论保存于南朝僧
祐所编的《弘明集》中。文章采用了问答形式,问者代表当时
社会上大多数人对外来佛教所表示的怀疑与反对,牟子则站
在佛教的立场上作答,他广泛引证老子、孔子等人的话来为
佛教辩护,论证佛教与传统儒、道思想并无二致。问答主要
集中在对佛、佛教教义和佛教出家的修行生活这三个问题的
看法上。关于释迦牟尼佛,牟子认为,其实与中国的三皇五
帝、道家的“至人”、“真人”并没有什么根本的不同。对于佛
教的教义,牟子也认为与儒、道思想是不相异的,他把佛教的
出世之道与老子的自然之道和儒家的五常之道统一起来,认
为它们虽在形式上有所不同,所起的作用却是相同的。至于
佛教倡导的出家修行方式与儒、道所提倡的生活方式有所不
同,牟子的回答是“苟有大德,莫拘于小”,出家人的生活表面
上不敬其亲,有违仁孝,实际上,一旦成就佛道,“父母兄弟皆
得度世”,这不是最大的孝么? 可见,佛教的出家修行生活从
根本上说是并不违礼背德的。牟子《理惑论》的佛、道、儒一
致论,其基本立足点始终在于说明三家的社会作用相同,从
而为佛教在中土生存发展的合理性和必要性寻找理论根据,
这不仅对佛教在中国的进一步发展,而且对整个中国思想文
化的发展,都产生了巨大而深远的影响。

　　2.《肇论》。《肇论》是东晋著名佛学家僧肇的著作汇
编。现存的《肇论》为南朝梁陈时人所编,除了收有《不真空

论》《物不迁论》《般若无知论》《涅般无名论》等四篇阐发般若性空思想的重要论文外,还有《答刘遗民书》。卷首则为《宗本义》,近似全书的纲领,有人疑为后人的伪作。从总体上看,《肇论》是一个完整的哲学思想体系,它在回答当时玄学提出的一些主要理论问题,也是佛学中带有根本性的问题时,系统地阐发了佛教的般若性空思想,具有极高的理论思辨水平,它的出现标志着中国佛教的发展进入了初创理论体系的新阶段。由于《肇论》文辞优美,思想深邃,哲理性强,是中国古代思想宝库中不多见的哲学专论,因而历来受到中外学者的重视。自南朝以来,几乎历代都有人为之注疏,现在更有英译本《肇论》行世。研究《肇论》已成为一种专门的学问。

3.《弘明集》。《弘明集》十四卷,是南朝梁代僧祐站在佛教的立场上,面对儒、道两教对佛教的攻击,为"护持正法"、驳斥异教而编集的。僧祐在《序》中说:"道以人弘,教以文明;弘道明教,故谓之《弘明集》。"僧祐把当时人们对佛教的怀疑和攻击归纳为"六疑",这六疑实际上也就是当时儒、道两家攻击佛教的主要问题。从佛教的立场上来看,这"六疑"都是异端邪说,理应破之。为此,僧祐广集经论,搜集了大量佛教徒护法弘教的重要著作,从不同的方面对"六疑"进行了辩驳,以反击时人对佛教的攻击。僧祐对非佛言论的驳斥并不是简单地采取摒弃、诋毁或断章取义的手法,而是在收录佛家文章的同时,也引录反佛的文章,以期在比较、辩论之中彰显佛法,达到"弘道明教"的目的。因此,《弘明集》不仅搜集了大量颂佛护教之文,也保留了像范缜的《神灭论》等大量的反佛史料。现存的《弘明集》共收录各种文章120篇，作者百人左右，其中僧侣仅19人。文章收录的时间范围从东汉末年起到南朝梁代止，约300多年，以南朝的文章为最多，为了解南北朝时社会所关心和争论的各种有关佛教的问题提供了极大的方便。僧祐编集《弘明集》，主观上是为了弘扬佛教，客观上却同时保留了大量珍贵的文献，许多重要的文章，若没有《弘明集》，也许早就失传了。

4.《广弘明集》。《广弘明集》三十卷，为唐代僧人道宣所编。其主要宗旨是为了"弘护法纲而开明有识"，这与《弘明集》排斥异端而弘道明教的目的大致相同。但它虽为《弘明集》的续编，体例却稍有不同，它不仅把所集的文章按性质分为十篇，而且在每篇前都冠有小序，突出了作者的观点，故而称"广"而不称"续"。全书收录南北朝至唐130多人的280篇文章，文体有书文、序疏、诗赋、诏敕、铭等，内容包括佛道之争以及有关佛性、二谛等佛教义理的讨论等，是了解佛教传入后至唐代有关发展情况的重要参考书。

5.《出三藏记集》。《出三藏记集》是我国现存最古的佛教经录，南朝梁代僧祐编。出，即翻译；三藏，指佛教的经律论；记集，即记载东汉至南朝梁代数百年间所译经律论的目录、序记与译者的传记等。僧祐高度赞赏了东晋道安曾经做过的佛经整理工作，并把道安撰的《综理众经目录》（简称《安录》）的主要内容加以吸收，保留在自己编的《出三藏记集》中。同时，他有鉴于道安以来又有大量佛典译出，乃仿效道安的做法，"校阅群经，广集同异，约以经律"，终于编成《出三藏记集》十五卷。全集分为四个部分：（1）《撰缘记》一卷，着重记述佛教经典的结集和译经的来源。(2)《诠名录》四卷，基本上按照《安录》的撰述加以补订和扩充，即把东汉以来到南朝梁代为止400百余年间译出或撰集的所有佛典，不管是否有译者或作者的姓氏，统统搜罗记载，归纳为十四录，大致保存了《安录》的原貌，但内容增加了不少，共收经目2162部，4328卷。此为全书的重点所在。(3)《总经序》七卷，不仅抄录了一些经律论的前序和后记，保存了许多有价值的资料，而且还在序文之外备载篇目。这种体裁，犹似佛藏提要，后人根据篇目就可略知这些著述的内容，并可考知各译经的经过以及译经的地点和时间，此为全书的一大特色。(4)《述列传》三卷，叙述了32位中外译师和知名僧人的生平事迹，这是中国现存最早的僧传，其中许多史料为慧皎的《高僧传》和宝唱的《名僧传》所采聚，其叙述方法也为后人编撰僧传所沿袭。

6.《高僧传》。《高僧传》是南朝梁代慧皎所撰的佛教史书，共十四卷。这是慧皎因不满此前的各种僧传类著作而另开体例撰写而成的。关于书名，慧皎在《序》中特别作了个说明，他说："自前代所撰，多曰名僧。然名者，本实之宾也。若实行潜光，则高而不名；寡德适时，则名而不高。名而不高，本非所纪；高而不名，则备今录。故省'名'音，代以'高'字。"慧皎以《高僧传》为书名，表明了他的写传倾向。全书收录的范围，"始于汉明帝永平十年(67年)，终于梁天监十八年(519年)，凡四百五十三载，二百五十七人，又傍出附见者二百余人"。在体例上，全书按十大类进行编排，称"十科"，每科之末皆有"总论"，类似于前序、后议，概要地标明该科的大意,评述重要的人物与事件,其中不乏精辟之论。《高僧传》在中国佛教史上有着重要的地位和影响,它通过为僧人立传,为我们保留了大量可贵的佛教史料,是今天了解并研究汉魏六朝佛教传播发展情况不可多得的重要参考书。《高僧传》的体例,也为以后的僧传编撰者所遵循,例如唐道宣的《续高僧传》和宋赞宁的《宋高僧传》,皆与此大同而小异。

7.《摩诃止观》。《摩诃止观》十卷(或作二十卷),与《法华文句》和《法华玄义》并称为"天台三大部",由天台宗实际创始人智顗讲述,其弟子灌顶笔录而成。此书详述了天台宗的圆顿止观法门,故又称《圆顿止观》。全书分为序和正文两部分。序为灌顶略说此书的缘起,正文即智顗讲述的记录。《摩诃止观》提出的"三谛圆融"、"一念三千"等思想集中反映了天台宗的宗教世界观。

8.《三论玄义》。《三论玄义》一卷(或二卷),为隋代三论宗的创始人吉藏所撰,是三论宗的主要经典之一。此书专门论述了三论宗所依据的主要论书《中论》《百论》和《十二门论》的基本要旨,是了解印度佛教龙树中观学思想的重要入门书。值得注意的是,由于三论宗在中土流行时间不长,《三论玄义》并未引起中国学者的充分重视,因而也无注解本出现。但三论宗传到日本后,受到日本学者的关注,研习此经形成了风气,并有一些注疏本问世,这些注疏扩大了三论思想在日本佛教中的影响。

9.《成唯识论》。《成唯识论》,又名《净唯识论》,略称《唯识论》,集注类的佛教论书,是中国佛教法相唯识宗所依据的主要典籍之一。此书虽为古印度护法等人所著,但唐代玄奘乃糅译古印度护法等"唯识十大论师"对世亲《唯识三十颂》所作的注释而编成,窥基担任笔受,代表着中土僧人对法相唯识学的理解。全书共为十卷,基本上包括了法相唯识学的全部思想学说。其中心内容是论证阿赖耶识为万法的本源,世界万有都是"唯识所变","实无外境,唯有内识",故名《成唯识论》。此论的注释以窥基的《成唯识论述记》最为重要,历来受到高度重视,其影响甚至超过了《成唯识论》本身。《成唯识论》在唐代传到日本后,受到了日本佛教界的重视,出现了多种注释本。

10.《因明大疏》。《因明大疏》六卷,原名《因明入正理论疏》,唐窥基著。此书是对古印度商羯罗主所著、唐玄奘译的《因明入正理论》的注疏。商羯罗主是陈那的弟子,他的《因明入正理论》一卷是对陈那《因明正理门论》的论说与发挥。因明是通过宗、因、喻所组成的三支作法进行推理证明的学问。三支作法中"因"最为重要,故称"因明"。因,指原因、根据、理由;明,含有知识、智慧、学术等意义。因明起源于古印度正统婆罗门哲学派别关于祭祀的辩论,其中正理派曾以此作为他们学说的中心。佛教瑜伽行派也吸取并发展了古因明。玄奘、窥基所创始的法相唯识宗继承了瑜伽行派重视因明学的特点。玄奘在印度求法期间曾系统学习了因明学,回国以后,他除了翻译因明的主要著作外,还对因明辩论、立规原则、论证性质等作了精细的分析和发挥,深化了因明立量的方法。玄奘去世后,窥基根据玄奘的口授讲义,参证《因明正理门论》,逐字逐句地解释了《因明入正理论》,但因艰深难懂,直到晚年还没有写完。后由他的门人慧沼补足。由于此书几乎涉及了因明学的全部问题，所收资料极为丰富，解说详细，故通称"大疏"。《因明大疏》后成为研究因明者必读的参考书。唐代时，随着唯识宗的兴盛，此书曾盛极一时，后随唯识宗的逐渐衰微，此书在中国也失传了。《因明大疏》在日本有一定的影响，并出现了多部注疏书，近代杨文会通过日本人南条文雄搜集到许多中国早已失传的佛教文献300多种，其中就有《因明大疏》，后经校对刻印，再次流通，促进了近代中国唯识学的复兴。

11.《大唐西域记》。《大唐西域记》十二卷，简称《西域记》，亦称《玄奘行传》《西域行传》等。它是唐代玄奘西天取经归来后，应唐太宗的要求，由他口授而由其弟子辩机记录并编撰而成的。全书记述了玄奘西行求法过程中的所见所闻，内容包括他所经历的一百多个国家和地区的交通地理、风土习俗、政治文化以及佛教的传播情况，为研究中亚、南亚的历史、地理和社会风俗以及中西交通史、文化关系史等，提供了极为宝贵的资料，具有很高的学术价值。19世纪以来，此书已被先后译成日、英、法、德、俄等多种文字，对世界文化史产生了一定的影响。

12.《华严金狮子章》。《华严金狮子章》，简称《金狮子章》，是华严宗的创始人法藏的代表作之一，它虽然只有十段，近1500字，但却言简意赅地表达了华严宗的哲学思想，被认为是华严宗哲学思想的纲要之作。据说法藏曾被武则天请到宫中讲解华严教义，当武则天对"六相"、"十玄门"等深奥教义"茫然未决"，感到很难理解和掌握时，法藏乃随手举殿前的金狮子为喻为武则天解说，武则天听后，对华严宗无尽缘起的教理才豁然开悟。法藏的弟子后来将法藏这次讲经的内容记录下来，加以整理，就成了现存的《华严金狮子章》。《华严金狮子章》以一系列名相概念来分析本体和现象、现象和现象之间的关系，包含了相当丰富的哲学思想，也成为华严学的入门之书，并对中国佛教和日本、韩国佛教都产生了一定的影响。唐武宗灭法后，法藏的著作散失，《华严金狮子章》也一度在国内几近绝迹，直到宋代才由高丽送回，并收入《大藏经》。

13.《华严原人论》。《华严原人论》一卷，简称《原人论》，华严宗五祖宗密著。此论依《华严经》的宗旨，推究人的本源，对世界和生命的起源、社会上富卑贫贱等现象的根源进行宗教上的说明，故称"原人"。《华严原人论》一方面破斥了华严教义之外的种种异说，另一方面又以华严教义来"会通本末"，把包括儒、道等思想在内的各种异说会通起来，这种调和融合佛教内外之学的判教理论被认为是佛教理论中国化趋于成熟的一个标志，它不仅对以后中国佛教的发展，而且对整个中国学术思潮的演进，都有重要的影响。

14.《六祖坛经》。《六祖坛经》也简称《坛经》，不同版本的《坛经》往往名称也不完全一样。此书主要记载了禅宗六祖惠能的言行说教。"经"在佛教中本来专指佛的说法，中国僧人的著作被奉为经的，唯此一种。《坛经》成为惠能南宗的代表性著作。《坛经》在长期的流传过程中，逐渐出现了众多的版本，现存主要的有敦煌本、惠昕本、契嵩本和宗宝本等。《坛经》的版本虽多，但大致都由三个方面的内容组成：一是惠能自述生平，二是惠能开法授戒说般若禅，三是惠能与弟子的问答等。前两部分的内容大体上是惠能当年在大梵寺开法的记录,各本《坛经》的出入并不是很大,基本上反映了惠能出身贫苦、黄梅得法、南归传禅的生平事迹以及以空融有、直了心性、顿悟成佛的禅学思想和禅法特色。第三部分,即惠能平时与弟子的问答及临终嘱咐等,后出的本子在内容上增加了不少,但考之于禅宗史传中有关惠能弟子的记载,这部分内容基本上还是可信的。《坛经》是研究惠能南宗禅的重要资料。

15.《宗镜录》。《宗镜录》一百卷,由五代宋初法眼宗禅师永明延寿所集。永明延寿倡禅教一致论,他以"经是佛语,禅是佛意"为理论纲骨,借教明宗,以禅理为准绳,统一各家学说,遂编成《宗镜录》。之所以称《宗镜录》,是根据《楞伽经》"佛语心为宗"之说,"举一心为宗,照万法为镜",故名。《宗镜录》的内容十分丰富,它不仅将华严教义与禅理"圆融"在一起,而且以禅理为标准对天台、唯识、华严等宗的教旨加以评定,调和当时佛教各宗派之间的分歧。《宗镜录》"禅尊达摩,教尊贤首",既体现了禅宗取华严思想入禅的特点,也表现了宋代以后中国佛教教禅相融的发展新趋势。

16.《景德传灯录》。《景德传灯录》三十卷是北宋道原编的佛教禅宗史书,简称《传灯录》。"景德"为宋真宗的年号。传灯,是譬喻,佛教认为,佛法能照破世界冥暗,像灯一样,故将传法喻为"传灯",《传灯录》之名即由此而来。《灯录》是宋代始有的一种兼语录和史传特点而有之的一种新体裁,它是以记言为主要形式,按各派系的传承法脉编成的禅宗史书。《景德传灯录》是宋代最早的一部大型《灯录》,编于景德(1004—1007)年间,故名。此书的内容十分丰富,从过去佛到法眼文益的法嗣,共叙述了禅宗传法世系共52世,1701人。附有语录者有951人。道原将书编成后,上呈宋真宗。真宗命翰林学士杨亿、兵部员外郎李维、太常丞王曙等刊削、裁定并加以润色,因此,此书也有官撰的色彩。《景德传灯录》行世以后,《灯录》盛行一时。

17.《五灯会元》。《五灯会元》二十卷,宋代普济编。所谓"五灯"是指宋代僧人所撰写的五部禅宗《灯录》,这五部灯录均以记载历代祖师的机语为主,而不像"僧传"那样以"记行"为主。它们是:法眼宗禅师道原的《景德传灯录》三十卷、临济宗禅师李遵勖编的《天圣广灯录》三十卷、云门宗禅师惟白集的《建中靖国续灯录》三十卷、临济宗禅师悟明集的《联灯会要》三十卷、云门宗禅师正受编的《嘉泰普灯录》三十卷。"五灯"各三十卷,共成一百五十卷。由于这"五灯"内容繁杂,多有重复。普济乃删繁就简,撮其要旨,合五为一,借灯灯相传,亘千古光明灿烂之意,取名《五灯会元》。《五灯会元》以禅宗语录的形式,汇集了禅宗传说的从过去七佛到唐、宋时期各派禅僧所留下的机缘和语录,其中包含了丰富的哲学思想。

# 第五章　禅意隽永的中国佛教文学

中国佛教文学作为中国佛教文化园地中的一支奇葩,自汉代佛教传入始,就以它独特的魅力在社会文化和社会生活中崭露头角,伴随着佛教中国化的进程而逐渐形成的各种佛教文学作品,不仅从形式到内容都对中国古代文学产生了深刻的影响,而且它本身就构成了中国古代文学的重要组成部分。中国佛教文学包括了佛经翻译文学、佛教通俗文学以及佛教思想或佛教题材的诗歌、小说、戏剧等。

## 一、佛教翻译文学

最早出现的中国佛教文学体裁应该说是汉魏以来逐渐形成的佛经翻译文学。在佛经的翻译过程中,佛经翻译家融会梵汉、杂用散文和韵文,创造了一种朴实平易、不尚浮华的白话文体和文学风格,这对于改变汉魏以来中国文学逐渐形成的崇尚对仗工整、词藻华丽的骈体文风起了重要的作用。在佛经翻译中,译者一方面借用了大量中国固有的名词术语来表达佛法大义,赋予了原有词汇以新的含意,例如"自然"、"无为"等等;另一方面也创造了不少新词汇以便更好地表达经文原意,这些新创造的词汇大致又可分为两类,一为组合原有的文字用于"意译"，例如"因缘"、"众生"、"法界"、"净土"、"平等"等等，二为组合原有文字用于"音译"，例如"三昧"、"刹那"、"涅槃"等等。至于"昙花一现"、"水中捞月"、"不二法门"、"借花献佛"等数百条由佛教用语演化而成的成语更是成为汉语宝库中一颗颗璀璨夺目的明珠。大量的佛教新词汇加入汉语中，大大丰富了中国汉语的表现力，拓展了中华民族的想像力，这不仅对中国文学，而且对整个中国思想文化和社会生活都产生了巨大的影响。

佛教经典往往是通过叙述生动的故事和塑造鲜明的艺术形象来表达佛理的，并善于用譬喻的手法来给人以启示。例如在魏晋南北朝以来相当流行的《维摩经》就是通过塑造一个栩栩如生的"善于智度，通达方便"的大乘居士维摩诘的形象和"天女散花"等一系列生动的故事宣说了"权智为主"、"六度为根"、"世间出世间不二"等大乘佛教思想，此经历来受到文人士大夫的喜爱，并给予他们的思想和文学创作以深刻的影响。鲁迅先生说过，南北朝时期，士人都有三种小玩意，《维摩经》即是其中之一。唐代诗人、画家王维为了表示自己对维摩诘居士的倾心，甚至取名"维"而字"摩诘"。

天台宗奉为宗经的《妙法莲花经》，也是一部在中土流传很广的极富文学色彩的佛经，有人把它的文采比为中国的《庄子》。它以"莲花"喻经典的洁白美丽和佛法的清净微妙，经中所用的"火宅"、"穷子"、"化城"等著名的"法华七喻"为世人所熟知，并一再为文人士大夫的作品所引用，胡适曾将之誉为"世界文学里最美的寓言"（胡适《白话文学史》）。被华严宗奉为宗经的《华严经》，展示了万德圆满、妙宝庄严、不可思议、无限华丽神秘的诸佛境界，也是文辞优美、妙喻纷呈、充满丰富想象力的文学典范。

佛经中还有一些是专以"譬喻"为名的，例如在中土十分流行的《百喻经》，有"东方伊索寓言"之称，此经列举了98个寓言故事来劝人信佛为善，其富含人生哲理、妙趣横生的寓言故事给人以启迪。鲁迅先生曾将它校正，并捐资刻印，以广流通。佛经中的譬喻故事，保留了许多印度或西域地区的民间传说，质朴隽永，富于情趣，许多譬喻故事，如"猴子捞月"、"瞎子摸象"、"九色鹿"等，在中国几乎家喻户晓、妇孺皆知。这些寓言故事对中国文学和中国人的精神生活都产生过积极的影响。

佛经中还有一类是诗歌体裁。著名的《佛所行赞》（亦名《佛所行赞经》或《佛本行经》等）就是用诗体写成的长篇故事，是记颂释迦牟尼出家修行、悟道说法乃至林中涅槃等生平事迹的叙事长诗，被认为是中国文学史上的第一首长诗，有人认为中国的《孔雀东南飞》这样的叙事长诗就是受此影响而产生的。随着佛教翻译文学的发展和佛教徒对佛经的转读，印度的梵文拼音和声音也传到了中国，南北朝时的著名文学家沈约等人受其影响而创"四声"（平上去入）之说，强调诗文的声韵格律，并提出作诗应避免平头、上尾、蜂腰、鹤膝、大韵、小韵、旁纽、正纽等"八病"（八项弊端），在当时形成了一种新体诗，文学史上称作"永明体"，这对唐以来近体诗（格律诗）的形成和发展都有过重大的影响。

这里提到的《佛本行经》，属于佛本行故事的一类。佛本行故事，即佛陀传记，这类传记故事，往往结构宏大、描写细腻、构思新巧、表现诙谐,与中国的传记文学相应成趣。同时,佛传是用来颂扬教主、宣传信仰的,其故事叙述的生动、夸张与中国传统传记注重实录的特点又有很大不同。

在佛教翻译文学中,还有一类是佛本生故事。佛本生故事与佛教中"三世诸佛"、"过去七佛"等信仰有关,主要记载民间传说的佛陀过去世的善行。汉译佛典中比较集中地保存佛本生故事的主要有《六度集经》和《生经》等。这类故事大多是传说、神话、寓言,以此宣传大乘佛教积极入世、自利利他的观念,记载菩萨舍己救人、舍身求法等,惩恶扬善,有丰富的社会内容,也最容易与传统儒家伦理相结合。

从总体上看,梵华相融的佛教翻译文学不仅以它对社会人生的哲学思考和超时空、超现实的丰富想像力等给中国文学带来了新的意境,新的活力,而且以它富有特色的表现形式和手法给中国文学带来了新的面貌。随着译经的增多和佛教思想在中土的传播发展,佛教对中国古代诗歌、小说和戏曲等的影响日益广泛而深刻,同时出现了一大批以变文、宝卷等为代表的佛教通俗文学和以禅入诗、以禅喻诗的文学作品和文学理论,这些具有浓厚民族特色的中国佛教文学,大大丰富了中国古代文学的宝库。

## 二、佛教通俗文学

通俗文学是与诗歌、散文等正统雅文学相对的大众文学。六朝时出现的佛教志怪小说即属此类,这些小说都是为宣传佛教思想而作,被鲁迅称为"释氏辅教书"。

隋唐时,中国佛教文化达到了鼎盛,佛教文学也出现了繁荣,佛教通俗文学中最有代表性的变文即于此时广为流行。所谓变文,就是变佛教经文为通俗的说唱文,它是在南北朝以来咏经("转读")、歌赞("梵呗")和唱导等宣传佛经的方式之基础上形成的一种说唱体文学作品。由于向民间大众普及佛教教义的需要,佛教僧侣利用了在唐代十分流行的被称为"转变"的说唱艺术来讲述佛经故事,宣说佛教教义。"转变"的"转",是指说唱,"变"是指变易文体(也有认为"变"是变怪、奇异,"转变"即说唱奇异的故事)。这种说唱艺术在表演时往往同时配有图画,即一边向听众展示图画,一边说唱故事,其表现故事的图画称"变相"(依据佛经绘制的图画,一般称"经变"或"经变相"),其说唱故事的底本即为"变文"。变文的形式以散文和韵文的结合为最常见,大部分有说有唱,说的部分用散文,唱的部分用韵文,这在中国是一种崭新的文体。比较重要的有《维摩诘经变文》《大目乾连冥间救母变文》《父母恩重经变文》和《降魔变文》等。这种民众喜闻乐见的形式很快被用来讲述历史传说和民间故事等,出现了《伍子胥变文》《孟姜女变文》和《王昭君变文》等一大批作品,并对以后的词话、鼓词、弹词等都有显著的影响。郑振铎在《中国俗文学史》中曾说:"从唐以后,中国的新兴的许多文体,便永远的烙印上了这种韵文散文合组的格局。讲唱变文的僧侣们,在传播这种新的文体结构上,是最有功绩的。变文的韵式,至今还为宝卷、弹词、鼓词所保存。真可谓为源微而流长了!"

一般认为,变文和"俗讲"有密切的关系,有的认为变文最初就是作为俗讲的脚本而出现的。所谓俗讲,就是通俗地讲唱佛经;也有认为向俗人讲经为俗讲。流行于唐代的俗讲也是为了更好地向一般的民众宣传佛教而出现的一种通俗化的讲经方式。在讲经过程中,以佛教经义为根据,适当增加趣味性的故事,并用当时的民间俗语来加以表达,从而使讲经更加生动而能吸引更多的听众。俗讲的底本称"讲经文",在俗讲之前为使听众安静下来而吟唱的经文则称"押座文"。俗讲之风起于唐初而盛于中唐,最初主要在寺院,后传至社会上成为说唱各种内容的表现形式之一。俗讲和变文对中国文学产生了深远的影响,宋代以来宝卷的出现和流行就是其直接影响的结果。

由唐代"俗讲"和"变文"演变发展而来的以说唱为主的"宝卷"等在宋代出现并在明清时盛行是这个时期佛教文学发展的一个新特点。宝卷可以说是由变文直接发展而来的一种佛教通俗文学,其题材多为佛教故事,宣扬因果报应。以用七字句、十字句的韵文为主,间以散文。现存的《香山宝卷》一般认为是北宋普明禅师的作品。明清以后,以一般民间故事为题材的宝卷日益流行,有《梁山伯宝卷》《土地宝卷》和《药名宝卷》等二百种以上。佛教僧人和佛教徒宣讲宝卷称为"宣卷",后来发展成为一种曲艺。

北宋时出现而流行于宋金元的诸宫调也是受俗讲和变文影响的一种以唱为主、以讲为辅的说唱艺术,一般是取同一宫调的若干曲牌联成短套,首尾一韵;再用不同宫调的许多短套联成数万言的长篇,杂以说白,以说唱长篇故事。其体制宏大,曲调丰富,往往能连讲数月而使听者不倦,对元杂剧的形成有较大影响。现存的诸宫调作品有金人（佚名）作《刘知远》的残篇、董解元作《西厢记》，以及元王伯成作《天宝遗事》的残篇辑本。

另外，明清时流行于中国北方的鼓词和形成于元而盛行于明清时南方的弹词，也都是在佛教俗讲和变文的间接影响下产生的。

## 三、佛教与诗歌

印度佛典中有不少类似于诗歌的韵文，汉译称"伽陀"，意译为"偈颂"。对佛典偈颂的翻译必然借用中国诗体的形式，而又展现出不同的面貌。佛教对中国古典诗歌的影响，始自东晋。六朝时的佛教诗多描写僧俗交往、山水风光、佛教盛事、菩萨赞颂等，是佛教与古典诗歌的初次交汇。支遁被认为是中国最早的诗僧，流传于世的诗有 20 多首，其中以赞佛、咏怀居多。另外还有梁武帝、谢灵运、沈约等的咏怀诗、山水诗、赞佛诗。受玄佛合流时代思潮的影响，以佛理入诗一度成为风尚。

到了唐代，中国诗歌进入了繁盛期。这个时期的佛教文学中，一个引人注目的现象就是禅诗的盛行。所谓禅诗，主要指表达禅宗理趣、意境或所谓"禅悟"的诗歌作品。由于禅和诗都比较强调内心的体验和感悟，在表达上追求可以意会而不可言传的"言外之旨"、"文外之韵"，因而两者可以很自然地结合到一起，正如元好问在《赠嵩山隽侍者学诗》中所说的："诗为禅客添花锦，禅是诗家切玉刀。"禅诗的作者大致有两类，一类是与禅师交往密切、深受禅宗影响的文人士大夫，他们以禅入诗，为唐诗注入了新的意蕴；另一类是禅师本人借诗的形式来表达禅理。

禅宗本来是以"不立文字"相标榜的，强调"以心传心"、"见性成佛"，在当下自然中证悟宇宙人生的真谛和自家生命的底蕴。为了表达因人而异的"不可言说"的禅悟境界或启发学人自证自悟，禅门中往往采用了诗歌、偈颂等形式，留下了不少有价值的文学作品。例如传为禅宗三祖僧璨所作的《信心铭》、永嘉玄觉的《永嘉证道歌》、牛头宗法融的《心铭》等，都是读起来朗朗爽口而又意味无穷，有些句子本身就是很优美的诗句。如玄觉的《永嘉证道歌》：

> 江月照，松风吹，永夜清宵何所为？
> 佛性戒珠心地印，雾露云霞体上衣。
>
> 不求真，不断妄，了知二法空无相；
> 无相无空无不空，即是如来真实相。
>
> 一性圆通一切性，一法遍含一切法；
> 一月普现一切水，一切水月一月摄。

唐代著名诗僧王梵志、寒山子、拾得、皎然等更是留下了大量充满佛理禅趣的诗篇，例如皎然的《送维谅上人归洞庭》诗云：

从来湖上胜人间，远爱浮云独自还。

孤月空天见心地，寥寥一水镜中天。

再如寒山子的《茅栋野人居》诗云：

茅栋野人居，门前车马疏。

林幽偏聚鸟，溪阔本藏鱼。

山果携儿摘，皋田共妇锄。

家中何所有，唯有一床书。

晚唐五代，禅宗勃兴，禅门中师徒之间的机锋问答，往往也都借助了诗歌的形式。入宋以后，云门宗僧人汾阳善昭始创"颂古"，即以偈颂对"公案"①作文字的解释，开创了用华丽的韵文来表达禅意的新形式。与颂古相连的还有"拈古"，即拈起古则（公案），以散文体的形式来加以批评。随着拈颂的发展，又出现了对颂古再进行注解的"评唱"，于是，"不立文字"的禅宗日益走上了文字化的道路，同时留下了大量禅宗的文学作品。《碧岩录》《从容录》等不仅是禅门的重要典籍，也可视为是中国文学史上的重要作品，其中包括了不少优美耐读的诗篇。

在禅师们以禅入诗、以诗说禅的同时，唐代许多著名诗人受禅宗的影响，也写下了不少表达禅理禅趣的精美诗篇，

---

① 公案，原指官府判决是非的案例，禅宗借用它专指前辈祖师的言行范例，用来判断是非迷悟。参"公案"以求开悟，是禅门的一种修学方法。

为唐诗这一中国文学园地中的奇葩增添了夺目的光彩。其中最突出的是有"诗佛"之誉的王维,他的山水诗被认为是禅诗中的极品。例如千古不朽的名篇《鹿柴》中说:

空山不见人,但闻人语响。

返景入深林,复照青苔上。

再如《鸟鸣涧》:

人闲桂花落,夜静春山空。

月出惊山鸟,时鸣春涧中。

这些诗篇,寥寥数句,给人留下了山水自然之景,幽深玄寂之境,并表达了一种色空双离、人我两忘的佛教思想和无执无著、任运自在的禅宗人生哲学,其空灵、超脱、恬淡的意蕴令人玩味不尽,真所谓言有尽而意无穷。柳宗元的《江雪》也是一首饱含禅味的绝句,一向脍炙人口:

千山鸟飞绝,万径人踪灭。

孤舟蓑笠翁,独钓寒江雪。

这类充满禅意的诗篇在唐诗中占了相当的比例。入宋以后,许多文人士大夫热衷于参禅或与禅僧交往,也留下了不少富含禅意的诗词。例如苏东坡的《题西林壁》:"横看成岭侧成峰,远近高低各不同。不识庐山真面目,只缘身在此山中。"王安石的《怀钟山》："投老归来供奉班,尘埃无复见钟山! 何须更待黄粱熟,始觉人间是梦间?"黄庭坚的《奉答茂衡惠纸长句》："罗侯相见无杂语,苦问沩山有无句;春草肥牛脱鼻绳,菰蒲野鸭还飞去。"这些诗篇都在一定程度上表达了诗人对佛理禅趣的一种领悟。

宋初诗坛有九个诗僧特别著名,时号"九僧",他们是剑南希昼、南越文兆、金华保暹、天台行肇、青城惟凤、沃州简长、淮南惠崇、江东宇昭、峨眉怀古。他们诗风相近,同享盛名,有《九僧诗》流传,被称为"九僧体"。"九僧体"多佛教题材,描写清苦寂静的佛门生活。其中,惠崇能诗善画,声名尤甚。苏轼著名的"春江水暖鸭先知",就题写在他的一幅鸭戏图上。

在禅宗思想的影响下,中唐以后开始出现了把禅与诗结合起来论说的观点,至宋代,"以禅喻诗"、"以禅论诗"的新诗论更是得到了普遍流行。所谓"以禅喻诗",就是把参禅与作诗相比拟,以禅理来说明诗歌的创作、欣赏和评论。例如吴可、龚相和赵蕃等分别在各自所写的《学诗诗》中都反复强调了"学诗浑似学参禅",以至于此语几乎成为当时文人的一句"口头禅"。苏东坡在《与李去言书》中也说:"说禅作诗本无差别。"葛天民在《寄杨诚斋》中则说:"学禅学诗无两法。"至南宋严羽的《沧浪诗话》而逐渐形成了一套较为系统的"以禅喻诗"的理论体系。《沧浪诗话·诗辨》中提出的"大抵禅道惟在妙悟,诗道亦在妙悟"等成为以禅喻诗的基本理论。清代的王渔洋又进一步发展了严羽的"妙悟说"而提出了"神韵说",认为"舍筏登岸,禅家以为悟境,诗家以为化境,诗禅一致,等无差别",把以禅喻诗、诗禅一致论推向了极致。这种理论在中国文学批评史上有相当的地位和影响。

## 四、佛教与小说

佛教对中国古代小说的影响是多方面的,从故事题材、情节结构到思想内容,例如六朝志怪小说、唐宋传奇小说、宋元话本小说以及明清章回小说等,都可以看到深受佛教的影响。

在六朝时,出现了许多佛教志怪小说,除《神仙传》《拾遗记》等中国传统神仙方术题材的作品外,干宝的《搜神记》、刘义庆的《宣验记》、王琰的《冥祥记》、颜之推的《冤魂志》等,这些志怪小说的出现和流行,都是佛教影响的结果。正如鲁迅在《中国小说的历史的变迁》中所说的:"还有一种助六朝人志怪思想发达的,便是印度思想之输入。因为晋、宋、齐、梁四朝,佛教大行,当时所译的佛经很多,而同时鬼神奇异之谈也杂出,所以当时合中印两国底鬼怪到小说里,使它更加发达起来。"在此之后,志怪小说历代不绝,《南柯太守传》《李娃传》等唐宋传奇小说,《大唐三藏取经诗话》等宋元话本小说,《三国演义》《水浒传》《西游记》《封神演义》《红楼梦》等明清章回小说,无论是体裁结构还是思想内容,其深受佛教的影响都是显而易见的。

佛教题材的志怪小说,在宣传佛教思想的同时,也融合了许多中国本土的信仰观念,如善恶因果报应、神灵谱系等。这类小说,因在民间流传,因而也常常能反映佛教在不同时代融入民间社会生活的不同情况，包括不同时代对佛教的不同包容度、社会上崇佛或排佛的风气，以及作者对佛教的不同态度等。如袁枚《子不语》中有关佛教的故事，就有一些是借调侃甚至讽刺佛教，来抨击社会上因迷信神灵而发生的荒诞现象。

唐代俗讲繁荣，变文中的佛教故事被不断演绎。即使在佛教故事相对较少的唐代传奇中，涉及鬼怪神异的部分，也多与佛教有关。可以说，如果没有历代的志怪小说，唐代的变文、传奇，宋代的宝卷、平话及各种说唱文学，就不会有明清小说的黄金时代。

人们熟知的《白蛇传》就是中国故事与印度神话糅合而成的传说，在南宋时期就已经成型，明代以后广为流传，编为小说，并以评话、说书、弹词、戏剧、电影、电视剧等方式不断演绎。故事中的白蛇、青蛇、法海禅师等形象，都与佛教有密切关系，是古今以来影响很大的宣传佛教因果思想的故事。

《西游记》更是直接取材于佛教典故，以唐玄奘西天取经为主线，展现佛、道二教恢弘庞大的神魔体系，既有佛道斗争的艺术演绎，又有社会现实的深刻揭露，穿插着佛教思想义理，塑造了众多个性鲜明、活灵活现的艺术形象。除了唐僧师徒四人外，还有观世音菩萨可亲可敬、慈悲智慧的形象深入人心，是真正将中国民间信仰与印度佛教相结合的典范。

清代曹雪芹的《红楼梦》同样蕴涵着深刻的佛教思想，一僧一道贯穿小说始终，主人公宝玉的最终归宿也是佛门。在第一回中，作者就揭示了全书的总纲"瞬息间则又乐极生悲，人非物换，究竟是到头一梦，万境归空"。《好了歌》及其注解、《飞鸟各投林》等核心词曲,也都表达着人生无常、世事空幻的佛教主题。整部小说似真似幻,在繁华落尽的无奈中,揭露社会的黑暗、人情的冷暖。佛教思想在其中更像是批判的利器,成为这部现实主义作品中最鲜明的特色之一。

## 五、佛教与戏曲

佛教对中国戏曲的产生也起到了一定的促进作用,金元时产生的元杂剧(亦称"元曲")及以后的中国戏曲都受到了佛教多方面的影响。

元杂剧不仅取材于唐宋传奇小说,而且还往往直接引入佛教故事,例如元代郑廷玉的《布袋和尚》、吴昌龄的《唐三藏西天取经》以及明代的《目连救母劝善戏文》等,都是这方面的显著例证。中国自元杂剧表演形式出现,才有合乐歌、舞蹈(身段)、科白的正式戏曲。

中国戏曲的发展与小说息息相关,不仅故事内容多受佛教故事影响,即便是非佛教题材的故事,也有许多受到了佛教的影响。佛经本身就有丰富的戏剧史料,如"目连救母"的故事,自唐代以后,由变文而宝卷、戏剧,在民间广泛流行。各种观音故事、唐玄奘西天取经的故事等也一再被编成戏剧,搬上舞台。许多戏剧的情节,都取自佛经,特别是佛教因果报应的观念对戏剧的影响尤深,常成为批判社会丑陋现实的有力武器,如元初杂剧郑廷玉《崔府君断冤家债主》《看钱奴》等。佛教杂剧多承担着宣传因果报应、实施社会教化的功能,和小说一样,是佛教世俗化的具体表现。

　　非佛教戏剧中，也多有佛教思想元素。如著名剧作家汤显祖(1550—1616)的"临川四梦"《紫钗记》《牡丹亭》《南柯记》《邯郸梦》，都有浓厚的佛教气息，尤以《南柯记》为甚。《南柯记》取材于唐代传奇《南柯太守传》，汤显祖赋予了这个故事人生如梦、富贵无常、因果报应、佛法无边等主题，引人深思。《牡丹亭》以《杜丽娘慕色还魂记》为蓝本，虽是言情，但其中对杜丽娘"情不知所起，一往而深，生者可以死，死可以生"的挚情痴恋给予颂扬，本身就是借佛教的三世因果观念，反对理学对人性的束缚。

　　与《牡丹亭》以佛教思想反对理学家的禁欲不同，清代孔尚任的《桃花扇》则是以佛教思想对家国沉沦背景下男女执著情欲的批评。《桃花扇》结尾提出"国在那里，家在那里，君在那里，父在那里，偏是这点花月情根，割他不断么"，主人公侯方域、李香君二人双双入道。明清的文士们意识到戏剧有移风易俗的社会功能，也积极投身到戏剧创作之中，出现了许多影响深远的优秀作品。在这些作品中，都在一定程度上表现了中国佛教文化的教化作用。

# 第六章　精美绝伦的中国佛教艺术

　　佛教艺术包括音乐、绘画、建筑和雕塑等许多方面。印度佛教艺术源远流长，最早可追溯到佛陀时代。随着佛教的传播和发展，佛教艺术也不断充实着丰富的内容，形成了独特的风格。两汉之际，佛教艺术随佛法东渐而传入我国，并在佛教中国化的进程中日益与中国传统艺术相融合，逐渐形成了富有中国特色的中国佛教艺术。随着佛教在中土的广为传播，佛教艺术也有了相当的发展。最突出的是石窟寺艺术，现存有举世闻名的三大石窟。其他如寺塔建筑、佛画和佛教音乐乃至佛教书法等也都令人瞩目。

## 一、石窟寺与雕塑

　　石窟寺来源于印度，早期印度的僧侣在远离城市的僻静山野处结庐苦修，后逐渐发展成为石窟寺。石窟，原本就是寺庙的一种，故称石窟寺。由于其与石刻、塑像、壁画结合的特殊艺术形式及独特的内涵，所以我国在公布重点文物保护单位时，将之专门分出一类，以凸显其艺术价值。而在民间，也往往把寺字略去，习称为石窟，这也体现了石窟寺建筑传入中国后本土化的结果。

　　中国石窟的开凿,大约始于 4 世纪前后。新疆的克孜尔千佛洞、库木吐喇千佛洞是目前认为开凿最早的石窟,相传始建于三四世纪。中国石窟中最有名的是敦煌石窟,包括莫高窟、西千佛洞、榆林窟和水峡口小千佛洞等四窟,其中又以莫高窟为最著名,故敦煌石窟一般也特指莫高窟。敦煌莫高窟也称"千佛洞",开凿在今甘肃敦煌市东南 25 公里鸣沙山东麓的断崖上,上下五层,南北长达 1600 米,是一群由建筑、绘画、雕塑组成的艺术综合体,是世界上现存规模最大的佛教艺术宝库。相传始建于前秦苻坚建元二年(366),而现存最早的洞窟当始凿于北朝初期。莫高窟以保存大量精美的壁画和彩塑而闻名天下。现存洞窟共 492 个,共存有壁画 4.5 万多平方米,彩塑 2400 多身。由于形成于不同的时期,因而表现出了不同的特色和风格。北朝时期的壁画主要描述释迦牟尼的本生故事,宣扬忍辱和自我牺牲,其中所透露的对现实人生意义的否定,曲折地反映了当时社会的动乱和人民的苦难,并形成了与隋唐以经变题材为主体、宣扬西方极乐世界的不同特色。北朝彩塑的基本风格是瘦骨清相,线条劲健,从形体、面相和衣冠服饰上看,更多地保留了西域佛教艺术的特色,与隋唐时的丰润华丽也形成了明显的对照。

　　云冈石窟是以气势雄伟而著称于世的,它开凿在山西大同市西郊 16 公里的武周山(又名云冈)南麓,东西绵延 1 公里。与敦煌质地松软的砂砾岩形成对照的是,云冈的石质较为坚硬,宜于雕刻,因而云冈石窟发展的是石雕艺术而不是彩塑和壁画,现存主要石窟有 53 个,大小窟龛 252 个,雕像达 51000 多尊。云冈石窟是三大石窟中开凿最早的,始凿于北魏文成帝和平元年(460年),主要石窟完成于太和十八年(494年)孝文帝迁都洛阳之前的30多年中。据《魏书·释老志》载:"和平初……昙曜白帝,于京城西武州塞,凿山石壁,开窟五所,镌建佛像各一。高者七十尺,次六十尺,雕饰奇伟,冠于一世。"继师贤为沙门统的昙曜最早主持开凿的"昙曜五窟"(第16—20窟)据说是为北魏开国后的五个皇帝祈福而作,因而各窟佛像都模拟"帝身"而雕制,身形高大,面貌丰满。稍后的中部各窟,内容明显增多,不仅在中央雕凿有大佛像,而且在四壁、拱门和窟顶上雕刻了形象极其优美的各式小佛像、菩萨、飞天和本生故事等。在艺术风格上,云冈石窟明显受到了印度犍陀罗艺术的影响。在继承汉代石刻艺术的传统和吸收外来艺术风格的基础上,云冈石窟形成了它独特的雕刻风格。

龙门石窟是继云冈石窟之后开凿的,它位于河南洛阳市南郊13公里伊河两岸、东西两山崖壁上,南北长约1000米,也开凿于北魏太和十八年(494年)孝文帝迁都洛阳前后,并在此后的历朝历代不断营造。大规模的营造主要集中在北魏和唐代。现存窟龛2100多个,造像10万余尊,题记碑刻3600多种,佛塔40多座。龙门石窟与云冈石窟一样,以石雕著称,具有代表性的是北魏时的古阳洞、宾阳洞、莲花洞和唐代的奉先寺。特别是奉先寺的卢舍那大佛,气势雄伟,艺术精美,为中国古代雕塑中的珍品。龙门石窟多数与帝王的祈求冥福有关,其风格特点是窟形较单纯,变化少,题材简明集中,主题突出。北朝时期的石窟佛像以释迦牟尼佛和弥勒佛等为主,唐代的主像则大都是阿弥陀佛和弥勒佛,也有卢舍那佛和药师佛等,反映了唐代净土宗的兴起和石窟造像艺术世俗化的倾向。龙门石窟的题记碑刻在中国书法史上也有极重要的地位,例如古阳洞中的"龙门二十品"即是久负盛名的魏碑代表作。

　　除了上述三大石窟之外,南北朝时期还在其他广大地区开凿了大量的石窟。例如在北方有北魏时开凿的著名的麦积山石窟(在今甘肃天水市东南),北齐时开凿的天龙山石窟(在今山西太原市西南)和刻有石经的响堂山石窟(今河北邯郸市西)等。响堂山的石经是房山石经的先驱。在南朝,则有位于今江苏南京市东北 25 公里处的栖霞山千佛岩石窟,此为中国目前已知的唯一的南朝石窟,由梁代名僧僧祐主持设计并监造。现存的大小窟龛 294 个,造像 515 尊,虽大多为明代修补后的遗存,但南朝时形成的规模与气势仍历历可见。

　　中国现存规模最大的石刻佛经房山石经,也是中国佛教艺术的精品。房山石经,分别藏于北京房山石经山上九个石洞和云居寺西南的地穴中,以盛唐和辽金时期所刻的数量为最多。这部石刻佛经不但为校勘、研究佛经提供了宝贵的实物依据,而且对研究古代的石刻、书法、史地和工商业等都有重要的参考价值。

## 二、寺塔建筑和造像

　　佛教传入后对中华传统文化的影响,也直观地表现在寺塔建筑和造像方面。寺原是汉代行政机关之名,如鸿胪寺、太常寺等。由于鸿胪寺主掌朝会外交,其时东来的西域僧人,最早便被安置在鸿胪寺。之后虽移居他处,其所住处仍延称为寺,所以寺逐渐成为了僧人居所的名称。随着佛教的不断输入与发展,汉末三国时期,在洛阳、徐州、豫州等地区就先后兴建了一些佛教寺塔,并开始塑造佛像。《三国志·吴志·刘繇传》记载的笮融祠佛,是东汉时建寺造像和民间奉佛有关情况的最早记述。

中国最早的佛寺一般认为是洛阳的白马寺,相传汉明帝在永平七年(64 年)遣使西行求法,于永平十年(67 年)求得佛法即由白马驮着经像返回洛阳,次年建寺,故名"白马寺"。此后,长安、洛阳乃至长江中下游地区建寺逐渐多了起来。

佛塔,起源于印度,"塔"的梵文音译作"窣堵波",原指坟冢,释迦牟尼逝世后,佛教徒建塔安奉佛之舍利,并对之崇奉礼敬,塔便成为佛教特有的一种建筑。中国早期的佛塔一般都是寺院的主体,唐宋以后,塔才移于寺旁或寺后。据说中国最早的佛塔出现于白马寺,但首次见之于正史记载的是东汉末年笮融所造的楼阁型的佛塔,这种佛塔上为印度的"窣堵波",下为"重楼阁道",这表明佛塔的形式一传入我国便与传统的建筑艺术相结合在一起了。

南北朝时期,随着佛教的广为传播,寺塔建筑也十分兴盛。北魏自道武帝始就曾下诏建寺造像,到孝文帝迁都洛阳以后,更是大力营造寺塔,"招提栉比,宝塔骈罗"。仅洛阳一地就有寺千余,全国更多达 3 万余所,其中胡太后所立的永宁寺"中有九层浮图一所,架木为之,举高九十丈,有刹复高十丈,合去地一千尺,去京师百里,已遥见之",其建筑、雕塑及工艺美术皆为奇观,"殚土木之功,穷形造之巧",使西域沙门自叹"阎浮所无","极佛境界,亦无有此"。其他如瑶光寺、景乐寺等,也都庄严宏伟,工制精巧,冠绝一时。北魏时所立的嵩岳寺塔(在今河南登封)则是我国现存最早的砖塔。南朝各代帝室所造寺塔亦甚多,其中尤以梁武帝为最多,所造同泰寺,"楼阁殿台,房廊绮饰,凌云九级,俪魏永宁"。唐代诗人杜牧曾有诗云:"南朝四百八十寺,多少楼台烟雨中。"其实,据有关记载,当时的寺庙远不止这个数。梁武帝时,仅建康一处,就有佛寺五百余所。

隋唐时期的佛教建筑艺术也达到了相当的水平。隋代的寺院以大兴善寺、东禅定寺等最为宏伟,尤其是东禅定寺,"驾塔七层,骇临云际"。唐代建于五台山的南禅寺和佛光寺,是我国现存最古老的佛寺。隋唐时的佛寺建筑,大都以佛殿为中心,改变了过去那种以佛塔为主体的布局,佛塔一般都置于寺旁另建的塔院内而不在寺院之中了。唐代建造的佛塔,在形式上创造了八角形的结构,在材料上则由过去的木结构改为砖石结构。位于南京东北郊的栖霞山舍利塔就是一座五层八面的石塔,该塔始建于隋仁寿元年(601年),南唐时重修。石塔由石灰岩和大理石凿刻而成,造型优美,雕制精细。塔身的第一层雕有四大天王和文殊、普贤像;其他各层每面都凿有佛龛,内坐小佛像;飞檐下斜面上所刻的"飞天"像体态丰满,婀娜多姿,与敦煌飞天很相似。石塔下的须弥座也浮雕着各种精美的图案,特别是释迦牟尼成道八相图——下凡投胎、树下降生、太子出游、逾城出走、树下坐禅、悟道说法、降伏魔王、释迦涅槃,雕刻得栩栩如生。须弥座上的莲座花瓣上也阴刻着宝相花纹。总之,石塔整个就是一座集建筑艺术和雕塑艺术于一体的精美的佛教艺术品,它是隋唐五代时期佛教石塔艺术在江南的重要代表作。在唐代,还开始大量制作佛教所特有的艺术建筑"经幢"。经幢就是在石柱上刻上佛教的文字或图案。我国的经幢一般由基座、幢身和幢顶三部分组成,著名的如唐末建造的山西五台山佛光寺的二座经幢,庄严朴素,刻工精美,是珍贵的艺术精品。隋唐的佛教建筑艺术为中国古代艺术宝库增添了新的珍品。

在大造寺塔的同时,大江南北都还盛行着各种佛教造像。金铜佛造像和石雕像都是体现佛教艺术的极重要方面。在南北朝时期,北方就造立了大量的金铜佛像、菩萨像和石雕像,例如北魏献文帝天安二年(467)"起永宁寺,构七级浮图,高三百余尺,基架博敞,为天下第一。又于天宫寺,造释迦立像,高四十三尺,用赤金十万斤,黄金六百斤。皇兴中,又构三级石佛图,榱栋楣楹,上下重结,大小皆石,高十丈,镇固巧密,为京华壮观"。南方宋齐梁陈各朝帝王及名僧、信众也都造有大量的金铜佛像,据说陈文帝不仅曾造有等身檀像十二尊,更造有金铜像达百万尊。僧祐于梁天监八年(509)奉敕在小庄严寺监造的光宅寺无量寿佛"丈九金像"庄严精美,号称东方第一,史称"葱河以左,金像之最,唯此一耳"。可惜南朝时的金铜佛像现在存世的不多。南方的石佛,最著名的有僧祐监造的剡县(今浙江嵊州)大佛和栖霞山大佛。在这个时期,外国的造像也输入不少,对中国佛教的造像艺术产生了一定的影响。

延及盛唐,海内升平,四裔来朝,孕育出一种雍容华美的大唐气象。以龙门奉先寺为代表的唐代佛教造像,一改消瘦清癯的六朝风神,而为在"面短而艳"基础上的丰腴圆润。奉先寺大佛高 17.14 米,脸型丰满圆润,直鼻小口,长眉秀目,嘴角微扬,笑容含蓄,大佛端庄典雅,温柔慈祥,富有浓厚的世俗性和人情味。

随着宋代经济的高度发达和市民生活的极大丰富,佛教造像的世俗化进程也在不断加深。如纽约大都会美术馆藏的宋代游戏坐观音像,观音菩萨姿态绰约,安闲地翘着脚,意态悠然,左手支地,右手随意地搭在膝上,似是冥思,又似倾听。山东长清灵岩寺千佛殿 40 尊宋塑罗汉像,形象清秀,朴实自然,细腻传神,不像是天上罗汉,更像尘世寻常人家。这些世俗样态的塑像,所承载的已不仅仅是宗教的寄托,而是日益表现出一种浪漫的审美意旨,追寻着尘世的风致与雅趣。

## 三、佛教绘画和音乐

佛画最早在汉代就已经出现,据说汉明帝曾"令画工图佛像,置清凉台及显节陵上"。魏晋时开始出现了一些画佛画的名家,例如有着学术师承关系的三国吴曹不兴、西晋卫协和东晋顾恺之等,均善佛画,特别是顾恺之在建康瓦官寺壁上画的维摩诘像,光彩耀目,轰动一时,被认为是画史杰作,与戴逵所制的佛像五躯及师子国遣使所献的玉佛像被世人号之"三绝"。

　　南北朝时,佛画已成为中国画的主要科目之一,几乎成为绘画的中心。北朝以北齐的曹仲达为最,他原是西域人,所画璎珞天衣,带有域外笈多式的艺术风格,衣服紧窄贴身,犹如被水打湿一般,后世画家称之为"曹衣出水",与唐代画家吴道子的"吴带当风"并称。南朝历代著名佛画家更是层出不穷,其中以梁代的张僧繇为最,他继承中印度壁画的风格而又自成样式,有"张家样"之称,与北方曹仲达的"曹家样"齐名。他"善图塔庙,超越群工",很受梁武帝的青睐,梁武帝所建佛院寺塔,大都令他作画,所作卢舍那佛像、行道天王像、维摩诘像等,都是著名的作品。

　　隋唐的佛画在进一步融合民族传统的基础上达到了极盛,尤其壁画,可谓是空前绝后,在中国绘画史上占有重要的地位。有"百代画圣"之称的著名画家吴道子,集诸画家之大成,一生主要从事寺院壁画的创作,曾在洛阳、长安的寺观作佛道宗教壁画300余间,题材丰富,画面生动,富有立体感,特别是所画衣褶,有飘举之势,人称"吴带当风",与北齐曹仲达的"曹衣出水"形成不同的风格。由于俗讲的流行,唐代时出现了说唱佛经的变文,随着变文的发达,又创造出了许多丰富多彩的经变图画。在隋唐开凿的石窟中,有不少全幅的或带连续性的壁画,综合表现整部经文的内容或次第展开故事的经过。现存的敦煌壁画中,各种经变画是主体,其中唐代的经变画达到了最高的艺术成就,其内容主要有弥陀净土变、弥勒净土变等,这与这个时期造像的主题是一致的。

　　唐代由于佛教禅宗盛行,佛教的理趣风格,特别是禅宗的超然意境,对传统的绘画艺术也产生了深刻的影响。著名诗画家王维耽于禅悦，性喜山水，他开创了一种超然洒脱、高远淡泊的画风，他的山水画通过将墨色分破为浓淡深浅的不同而在山水松石的自然之中融入了禅宗妙悟的意境，非常富有诗意，苏东坡称他的诗是"诗中有画"，画则"画中有诗"。王维破墨山水的画法和画风改变了传统山水画的风格，对后世中国画的发展有较大的影响。明代董其昌称王维为山水画的"南宗"之祖，他在《容台别集·画旨》中说："禅家有南北二宗，唐时始分；画之南北二宗，亦唐时分也，但其人非南北耳。北宗则李思训父子着色山水，流传而为宋之赵干、赵伯驹、（赵）伯骕，以至马（远）、夏（珪）辈；南宗则王摩诘（维）始用渲淡，一变钩斫之法，其传为张璪、荆（浩）、关（仝）、董（源）、巨（然）、郭忠恕、米家父子（芾、友仁），以至元之四大家（黄公望、吴镇、倪瓒、王蒙）。亦如六祖之后，有马驹、云门、临济儿孙之盛，而北宗微矣。"尽管董其昌所说不尽符合山水画发展演变的史实，且有崇南贬北之意，但他肯定了王维受禅宗影响而创新画风的地位，这却是符合实际的。

　　宋代以后，佛教的绘画仍有进一步的发展。"宋代绘画，仍有佛教题材，惟不在寺塔，而在气势高远、景色荒寒，以表现明心见性的修养"。[①] 受禅宗影响而出现的南宗画风至宋元而趋极致，为中国绘画艺术园地增添了奇葩。

　　在中国佛教艺术史上，僧人的绘画也是代有人出，到明清之际终蔚为大观。僧人画虽然出现得较早，但真正产生较大影响的则在唐末五代间。当时以贯休和巨然最为卓著。

---

① 方豪：《宋代佛教对绘画的贡献》，《现代学苑》第七卷第十期。

贯休以墨笔画罗汉，开创了后世僧人画的一个走向。巨然为山水画大家董源弟子，他的山水画作出自董源，而又自成一格，与董源并称"董巨"，为五代、宋初南方山水画的主要流派，对后世影响深远。

僧人画的最高峰是明末清初，这其中尤以"四画僧"——弘仁、髡残、朱耷、石涛声名最著。"四画僧"皆明末遗民，因不肯臣服新朝，便循入空门，借助诗文书画，抒写身世之感。"四画僧"的作品均带有强烈的个性化特征和复杂的精神内涵，与当时占据主流地位的正统派画风大异其趣。

另外，佛教音乐也是中国佛教艺术宝库中的明珠。有关中国佛教音乐的最早起源，一般追溯到陈思王曹植（192—232）始创中国梵呗于山东东阿鱼山。据《三国志补注》卷三引刘宋刘敬叔《异苑》："陈思王尝登鱼山，临东阿，忽闻岩岫里有诵经，清遒深亮，远谷流响，肃然有灵气，不觉敛衿祗敬，便有终焉之志，即效而则之，今梵唱，皆植依拟所造。"所谓梵呗，是一种以短偈形式赞唱佛菩萨之颂歌，可有乐器伴奏。如《高僧传》所说："天竺方俗，凡是歌咏法言，皆称为呗，至于此土，咏经则称为转读，歌赞则号为梵音。昔诸天赞呗，皆以韵入弦管。"据说三国时的支谦很善长文辞音律，曾依《无量寿经》和《中本起经》制《赞菩萨连句梵呗》三契，以民众喜闻乐见的形式来帮助传播佛教。

到南北朝时，中国佛教音乐已有了一定的发展，当时南北各地的寺院经常演奏佛教音乐。中国的佛教音乐是由中国僧人将民间音乐、宫廷音乐与传入的佛教音乐融合在一起，创造发展而成的。三国魏时的曹植和吴地的支谦所创制的梵呗即已将印度佛教音乐与以汉语诵唱佛经、赞佛菩萨结合了起来。南朝时,齐竟陵王萧子良"招致名僧,讲论佛法,造经呗新声",使具有独特风格的中国佛教音乐逐渐形成体系。既"笃敬佛法"又"素善钟律"的梁武帝更是亲制《善哉》《大乐》《大欢》《断苦转》等十篇,"名为正乐,皆述佛法",推进了中国佛教歌曲的发展。北朝也流行佛教音乐,众多的佛寺"梵唱屠音,连檐接响",既扩大了佛教的影响,也在一定程度上丰富发展着中国的民族音乐。

到隋唐时,逐渐形成了富有中国特色的佛教音乐。宋代以后,佛教音乐有进一步的发展。富有中国特色的佛教音乐在这个时期与民间曲艺相联互进,丰富了中国传统的音乐。

## 四、佛教与中国书法

佛教的传入对中国的书法艺术也产生了很大的影响,这种影响主要表现在两个方面:其一是佛教书法直接丰富了中国的书法艺术,其二是佛教特别是禅宗对书法理论和书法实践的影响。

这里所说的佛教书法主要是指与佛教直接相关的抄经、造像和石刻等。印度佛教传入中国,其本身并没有带来什么新的书法形式或理论,但出于弘法传教的需要,佛教十分重视抄经、造像等活动,并由此而形成了富有特色的佛教书法艺术。在佛教中,对于经典有十种行法,称"十法行",即书写、供养、施他、谛听、披读、受持、开演、讽诵、思惟和修习,其中书写位于诸行之首。浩如烟海的佛教经典传入中土以后,中国的佛教徒以虔诚的态度和精湛的书艺为我们留下了大量的书法艺术珍品,并在书写佛经的过程中产生了许多杰出的僧侣书法家。据田光烈先生不完全的统计,从六朝至近代,僧侣书法家"大约有四百五十余人"之多①。其中的佼佼者有陈末隋初的智永和唐代的怀素等。智永乃具有"书圣"之称的东晋著名书法家王羲之的七代孙,明代解缙(1369—1415)在《春雨杂述》中称其"中兴"书学,认为"自羲、献而后,世无善书者,惟智永能嗣承家法,书学中兴,至唐而盛"。其发挥的"永字八法"成为历代学习书法的基本方法,"八法"二字甚至成为"书法"的代称。唐初书法家虞世南(558—638)得其传授,影响一代书学。怀素(725—785)以"狂草"著名于世,其素好饮酒,兴到挥毫,落笔纵横,如骤雨旋风,随手变化,同时又法度具备,与张旭并称"颠张醉素",对后世的书法艺术也有相当大的影响。

此外,盛行于南北朝和隋唐的佛教石窟造像,在创造大量精美雕塑的同时也留下了许多"造像记",这些种类繁多的造像题记,大都自然质朴,风格独特,康有为《广艺舟双楫》中称其"笔法亦浑朴奇丽有异态",构成了中国佛教书法艺术的重要组成部分。特别是北魏时的作品,堪称中国佛教书法艺术的一绝。例如著名的"龙门二十品",即龙门石窟造像记中具有代表性的"始平公"、"杨大眼"、"魏灵藏"及"孙秋生"等二十种作品,其书方峻雄强而厚密,且颇多变化,代表着当时书法艺术的较高水平,并在中国书法艺术史上起着一定的承

① 田光烈:《佛教书法艺术与精神文明》,《佛教文化》1990年第2期。

前启后的作用。与此同时，历代的摩崖刻石也为我们留下了宝贵的佛教书法艺术品。著名的如"泰山经石峪"，在泰山南麓的经石峪花岗岩上，刻着《金刚经》文，字大径尺余，气势磅礴，书体雄浑，为北齐时的作品，传为王子椿、唐邕等人书。此刻石历经千年，至今所存的九百余字，仍可清晰地看到用笔的提按顿挫和深含的浑厚超然的艺术意蕴。

佛教特别是禅宗的理趣对中国书法艺术的理论和实践也产生了巨大的影响。书法之道重性灵，讲究"凝神静思"、"意在笔前"，这与重妙悟而强调静虑、无我和任心随缘的佛理禅趣本来就具有某种内在的联系。晚唐以来，在佛教禅宗的影响下，许多书法家以禅入书，把书法看作是禅的表现方式，并形成了独特的以禅论书、以禅喻书的书法理论。宋代朱长文在《继书断》中曾提出："书之至者，妙与参道，技艺云乎哉！"认为书法之极至在于"妙与参道"而不在于技艺，这就把书法之道与禅悟之道直接联系了起来。

佛教禅宗一向以"不立文字"、"以心传心"相标榜，重顿悟心性而反对死守成规或执著言相，受其影响，书法理论中也出现了对尚意重悟的强调。五代时的诗画僧贯休善草书，时人比之怀素，他就十分反对执著书法的规矩法度，主张放旷任达的"自展其意"。他崇尚怀素的"乱拿乱抹无规矩"，认为"我恐山为墨兮磨海水，天与笔兮书大地，乃能略展狂僧意"。这种"尚意"的书论入宋以后十分流行。宋代大文学家、书画家苏东坡在《评草书》中提出，书法要"自出新意"而"不践古人"，他自言："我书意造本无法，点画信手频推求。"著名书法家黄庭坚也认为书法之道在于体现心灵的超然物外和自然放逸,不应该为外物所拘。他在《书论》中说:"老夫之书,本无法也,但观世间万缘,未尝一事横于胸中,故不择笔墨,遇纸则书,纸尽则已,亦不计较工拙与人之品藻弹讥。"明代董其昌则追求书法创作中的意境,他的《画禅室随笔》认为,"书家以毫逸有气,能自结撰,为极则"。在他看来,学书法重要的是要达"意",要以"意"学之,他甚至主张以意临贴,他在《临修禊贴跋后》中说:"余书《兰亭》,皆以意背临,未尝对古刻,一似抚无弦琴者。"尚意与重悟又有密切的关系。唐末僧人晋光曾受业于陆希声,得其笔法,潜心草书,名重一时,他对书法发表了这样的看法:"书法犹释氏心印,发于心源,成于了悟,非口手所传。"宋代黄庭坚也强调书法创作中的悟,并认为这种悟要靠平时的积学与用心体会。他曾说:"绍圣甲戌(1094 年)在黄龙山中,忽得草书三昧,觉前所作太露芒角,若得明窗净几,笔墨调利,可作数千字不倦,但难得此时会尔。"为了体现尚意重悟的书法之道,这个时期的书法家都十分强调作书时的无我无欲、心地清净,以佛教禅宗的理趣来要求书法创作,并寓禅理于书法之中。宋代著名的书法四大家(苏轼、黄庭坚、米芾、蔡襄),他们的书法作品,无不充满着禅的底蕴,是佛教影响中国书法艺术的典型例证。

# 第七章 佛教与中国民间信仰和习俗

印度传入的佛教经过不断的中国化而最终完全成了中国的民族宗教,它不仅深刻地影响到了中国学术思想的发展,成为中国传统思想文化的重要组成部分,而且对整个社会心理和民族习俗都产生了极为深刻的影响。佛教思想与民间信仰的结合,佛教节日与民俗的打成一片,成为明清以后中国佛教发展的基本特色。

## 一、世俗的佛教信仰

汉魏以来,中国佛教在民间已有相当的传播和影响。到南北朝时,佛教的世俗化有进一步的发展,民间的佛教信仰空前活跃,出现了义邑、法社等民间组织,并举行设斋、礼忏等法事活动。

"义邑"最初是民间为共同修造佛像而建立起来的信仰团体,后逐渐发展,从事凿窟造像、举行斋会、写经、诵经等各类活动。义邑的成员称邑子,或称邑人、邑徒等,其首脑称邑主或邑长。另有邑师,是作为指导者和传教者的出家僧尼。"法社"与义邑类同,也是一种民间的佛教组织,不过主要由达官贵人、知识分子和一些僧尼组成。义邑和法社常通过举办斋会等方式进行传教。

所谓斋会，是指集中僧侣进行活动并施食的法会。梁武帝时曾举办水陆大斋、盂兰盆斋等，对以后中国佛教的法事活动影响很大。水陆大斋亦称"水陆道场"，是佛教法会中时间较长、规模较大的一种，谓超度水陆一切鬼魂，普济六道四生，故得名，相传最早由梁武帝始创。据说梁武帝曾在梦中得到神僧的启示，醒后受宝志禅师的指教，乃"迎《大藏》，积日披览，创立仪文，三年而后成"，于天监四年（505 年）在金山寺依仪修设。参加这种法会的僧人往往多达数十乃至上百人，时间则少者七天，多者七七四十九天。法会期间，诵经设斋，礼佛拜忏，追荐亡灵。拜忏亦称"礼忏"，即依照忏法礼佛念经、忏悔罪业。忏法的最早制作者也是梁武帝。相传梁武帝曾集录佛经语句制成《慈悲道场忏法》十卷（简称梁皇忏），请僧人拜诵，为死者忏悔罪业，祈福超生。梁陈之际，忏法十分繁兴，流行的有涅槃忏、摩诃般若忏、金刚般若忏等，推进了佛教在民间的传播。

盂兰盆斋亦称"盂兰盆会"，是每年农历七月十五日佛教徒为追荐祖先而举行的一种佛教仪式，一般认为始创于梁武帝。这一日，除设斋供僧之外，还举行水陆法会等其他佛事活动，并逐渐与民间习俗相结合，从而加深了佛教对社会生活的渗透，扩大了佛教在民间的影响。

另外，由于大量宣扬弥勒佛、阿弥陀佛和观世音菩萨的佛典译出，民间对这些佛与菩萨的信仰也十分普遍，这些佛教信仰又与民间的灵魂不死等宗教观念和祭祖祈福等社会习俗结合在一起，不但推进了佛教的民族化进度，也在一定程度上丰富了中华民族的精神生活和社会生活。

到了隋唐时,随着中国佛教文化的趋于鼎盛,佛教的社会性活动也日趋活跃,佛教以寺院为中心经常举行各种法会和斋会,并赈济救灾,经营"悲田院"等社会事业,一些社会性佛教团体所从事的诵经讲经和设斋祈祷等,吸引了大批的徒众。

隋唐时期佛教所举行的法会进一步突出了中国化的特色,除于佛诞节、涅槃节等举行的常例法会和不定期地举行各种斋会和讲经法会之外,还往往在帝王的诞辰日举行专门的法会,表明了中国佛教与政治的密切关系,这在印度和西域佛教一般是没有的。这些法会的规模往往很大,例如贞元年间(785—805)为纪念天子诞辰,五台山上十所大寺院及其他一些较小的寺院一起开设了万僧斋,即向上万僧众提供斋食的大斋会;唐大历七年(772年)宋州(治所在今河南商丘)开元寺举行的八关斋会,或设五百人为一会,或设一千五百人为一会,更有设五千人为一会者,皆供养斋食,造成很大的声势。

南北朝时期出现的义邑和法社,在隋唐时也有进一步的发展,但出现了一些新的特点。如果说隋代的义邑还更多地像南北朝时那样以造像为主要的佛事活动,那么唐代的义邑就更多地转向了以诵读佛经和开设斋会为主,净土信仰得到了更广泛的传播,祈求观世音菩萨保佑现世的幸福平安和对往生西方净土的向往成为许多信徒佛事活动的重要内容。唐代的法社主要活跃在安史之乱以后,有些法社有相当的社会影响。例如白居易曾参加的杭州龙兴寺僧人南操发愿而创立的"华严社"，每年都要在四季分别召开大聚会，还开设斋会等，拥有大量的法社成员。

隋唐时期，向社会民众讲经成为佛教社会性活动的一个重要方面。为了使普通民众理解佛法经义，讲经者往往"宣唱法理，开导众心"，即用悦耳动听的声音传教，从而出现了所谓的"唱导师"。中唐以后，面向世俗人的讲经活动被称为"俗讲"。由唱导、俗讲而逐渐演化出了变文等文学体裁和变相等艺术形式。

## 二、佛教与民间信仰

印度佛教本有它独特的宗教信仰和宗教观念，其内容和形式在许多方面都与中国传统的宗教观念和民间信仰有很大的不同，但佛教传入中国以后，它便与中国原有的宗教观念和民间信仰相融合，既不断改变着它自身，也反过来给予传统宗教观念和民间信仰以深刻的影响。

印度佛教始终把"缘起"和"无我"作为它的理论基础，虽然由于它的轮回转生说需要一个主体而在以后的发展中出现了许多变相的"我"，但这些变相的"我"总是被说成是"方便"说而非究竟义。这种方便说传到中国来以后，却很快与中国自古以来盛行的灵魂不灭观念结合在一起，"魂神固不灭矣，但身自朽烂耳"，"佛之有无，寄于神理存灭"等曾成为中国佛教徒信守的基本教义。而人死灵魂转生，根据生前所行善恶，或生天上受诸乐，或下地狱受众苦，则成为中国广大的佛教徒甚至一般民众信奉的主要宗教观念之一。这样，佛教在中国获得了新的生命力,而中国传统的宗教观念也有了更为丰富的内涵。基于这样的宗教观念,中国自古以来民间信仰的鬼神、民间进行的祭祀活动和民间宗教的派别也有了新的变化。

对上天鬼神的信仰和崇拜以及对祖先神灵的敬畏和祭祀,一向在中国人的思想意识中和社会生活中占有极重要的地位。自佛教传入以后,随着净土信仰的传播,支配并操纵一切的上天、上帝的形象逐渐与大慈大悲的佛、菩萨相融合,抽象的"天上"这一概念也为越来越生动具体的佛国天堂所取代,以至于后来的道教又融合吸收佛教的思想而有了一个总管三界、十方、四生、六道一切祸福的崇高天神"玉皇大帝"及其治理下的天堂世界。在一般民众那里,求上帝保佑,这个"上帝"往往是同时兼有儒佛道三教信奉对象之特征的;希冀死后升天,这个"天"也并不对"西天佛国"或道教"天宫"作什么具体的区分,反正是远离现实的苦难世界而高高在上的无比美妙的天国胜境。民间信奉的诸多神灵,既有天公上帝、先圣先祖,又有城隍土地、佛祖菩萨,而在大多数信奉者的心目中,这些神灵在根本上是没有多大区别的,祭神拜佛,就能免灾消难,求得福祥。正因为此,所以在中国,自南北朝以来就出现了不少佛道混合的神像,即将佛道二教的神像同刻在一块碑上,到了明清以后,佛教、道教和传统的民间信仰就更是融合在一起,即使是在道观里,有时也会立有观音菩萨的像,形成了佛、道神灵并祀的有趣景象。

佛教传入后对中国民间信仰的鬼神及其祭祀活动都产生了很大的影响,例如佛教所说的能"兴云布雨"的龙王丰富了民间信奉的"龙"的神性,以至于后来广大的农村到处都建起了龙王庙,靠天吃饭的农民通过拜祭龙王而祈求风调雨顺;地狱、饿鬼等六道轮回说的传入,使传统的丧葬之礼发生了变化,出现了"斋七"和各种追荐亡灵的水陆法会,后来还形成了专门追荐祖先、超度亡灵的盂兰盆会这样的"鬼节";等等。而其中影响最大的也许是民间的菩萨信仰和烧香拜佛活动。

在中国,四大菩萨(文殊、观音、普贤、地藏)及其显灵说法的四大名山(五台、普陀、峨眉、九华)几乎家喻户晓。明清以来,四大名山成为佛教徒烧香朝拜的主要圣地,四大菩萨则成为善男信女祈祷膜拜的主要对象。每逢佛菩萨的诞辰、成道等纪念日,前往进香礼拜的信徒成群结队,"朝山进香"成为中国民间特有的一种宗教习俗。

在四大菩萨中,观音以大悲、文殊以大智、普贤以大行、地藏以大愿而著名,尤其是观音菩萨的形象更是深入人心。因为据说众生若有难,只要诵念观音的名号,大慈大悲的观音菩萨就会"观其音声"而前往解救。发展到后来,观音菩萨不仅救苦救难,而且还会显灵送子、有求必应,因而在民间更受到了普遍的信仰。许多地方每逢农历二月十九日观音菩萨的诞生日都要举行盛大的观音庙会以示纪念,形成了与民间信仰相结合的民俗和宗教节日。

佛教四大名山中,居首的五台山位于中国山西省忻州市五台县,为文殊菩萨的道场。文殊菩萨,全称文殊师利,是梵语音译,意译为妙德、妙祥、妙吉祥。文殊菩萨是佛教智慧的象征,佛教智慧是佛教觉悟解脱的根本,因此文殊菩萨的地位就显得特别重要了。北魏时五台山就建有崇拜文殊菩萨的佛寺,北齐时扩建了200多座寺院。唐开元后,五台山上的寺院日趋繁盛。敦煌莫高窟第61窟壁画《五台山图》就是五代时五台山寺院情况的生动写照。此后宋、元、明、清各代皇帝均曾在五台山敕建寺院。

峨眉山在四川峨眉山市西南,传为普贤菩萨显灵说法的道场。普贤菩萨的梵文名称音译是"三曼多跋陀罗",尊号为"大行普贤",是菩萨最高行门的代表。佛经中说菩萨的身相及功德遍一切处,而且纯一妙善,所以称作普贤。普贤菩萨象征着理德、行德,与象征着智德、正德的文殊菩萨相对应,同为释迦牟尼佛的左、右胁侍。据慧皎《高僧传》载,晋代高僧慧远之弟慧持和尚欲观瞻峨眉,振锡岷岫。乃以晋隆安三年(399)不远万里来到蜀地,受到蜀地刺史毛璩的热情接待。不久上峨眉山,择地建庵,塑供普贤之像,取名普贤寺,这是峨眉山上第一座比较正规的庙宇。

普陀山位于浙江省舟山市。唐咸通四年(863),日本入唐僧慧锷自五台山请得一尊观音圣像,想带回日本供养。从明州(今浙江宁波)起航,途经舟山群岛时,风浪大作,不得已将圣像请上一个名叫梅岑的小岛,这是该地奉观音之始。至五代后梁贞明二年(916)建"不肯去观音院",是为该山最早寺院。由此,该岛渐渐成为中土的观音道场,并改名为普陀山。

九华山位于安徽省池州市青阳县境内,是发下"地狱未空誓不成佛,众生度尽方证菩提"大愿的地藏菩萨道场。传说唐李白以山有九峰如莲花,改名为九华山。据《地藏菩萨本愿经》记载,在释迦牟尼佛灭度后、弥勒佛降生前的无佛之世,地藏菩萨将留在世间,普度众生,包括地狱、饿鬼、畜牲等。地藏菩萨"我不入地狱,谁入地狱"的誓愿成为地藏菩萨的精神象征。据《宋高僧传》等载,新罗国金姓高僧出家后名地藏,唐代渡海来到此山,开辟道场苦行禅修,终年99岁。信徒建塔纪念,后传其为地藏菩萨转世。

佛教的传入对中国的民间宗教也有很大影响。在隋唐以前,从佛教异端中就分化出了弥勒教、大乘教等一些民间教派。隋唐以后,中国民间宗教趋于活跃,特别是明清时期,随着佛教的世俗化发展,与佛教相关联的民间宗教派别也大量涌现。例如明正德年间(1506—1521)由罗清创立的罗教,就是一个以佛教禅宗教义为思想核心的民间宗教,该教在明清时曾广泛流传于华北和江南地区,并延及赣闽和台湾等地,具有较大的社会影响。宋元时作为佛教净土宗一个派别的"白莲宗",入明以后受罗教的影响也逐渐演化为民间秘密宗教"白莲教",并形成了红阳教、无为教、黄天教、八卦教等上百种教派,流传极为广泛,常被明清时的农民起义所利用。可见,佛教传入后通过民间宗教也对民间信仰活动发生了重要影响。

## 三、佛教节日与民俗

佛教传入以后对中国民俗的影响也是十分巨大的。佛教因果报应、轮回转生的教义使烧香拜佛、许愿还愿、布施斋僧、为死者做法事、请僧人念经超度亡灵、遇事到庙里去磕头甚至在家拜菩萨等等在许多地方都成为民间的一种习俗。佛教的饮茶、素食、提倡"放生"、死后火葬等也对中国的民俗产生了一定的影响。而佛教的节日对民俗的影响尤其显得突出。

中国佛教的许多节日一方面是受传统民间习俗的影响而形成，另一方面它也反过来给予传统习俗以深刻的影响。在中国，许多佛教节日都与民间习俗有着密不可分的联系。在诸多的佛教节日中，对中国民俗影响较大的有佛诞节、盂兰盆节、腊八节和泼水节等。

佛诞节也称浴佛节，是佛教最大的节日。传说释迦牟尼在农历四月初八诞生，在降生时有九条龙口吐香水为之浴身。为了纪念佛祖的诞生，寺院每年在佛诞日都要举行"浴佛法会"，即在大殿里设一水盆，盆中供奉释迦牟尼诞生像，众信徒以香汤为之沐浴。佛像一般作童子状，一手指天，一手指地，这是因为，据说佛初诞生时就右手指天，左手指地说："天上地下，唯我独尊"。由于印度尚右，中土尚左，因此在中国特别是在汉地佛教的寺院里，释迦牟尼诞生像，亦即悉达多太子像，大多是以左手指天，右手指地。浴佛法会大约在东汉时就流行于中国的各个寺院，魏晋南北朝以后，更是普遍流行于民间，成为中国民俗的重要组成部分。自南北朝至隋唐，在佛诞节这一天，民间还逐渐盛行用宝车载佛像巡行城市街道的所谓"行像"（亦称"巡城"或"行城"等）和互送"结缘豆"（即互送一种洒上盐汁的煮熟了的豆子）等习俗，并在这一天集资刻经造像，互传自己熟读的经卷（称"传经"）等。由于佛经记载的不同，在东南亚各国和我国的云南及蒙藏地区都以四月十五日为佛诞节,同时也以这一天为佛成道日和佛涅槃日。

盂兰盆节是在佛教的"自恣日"举行"盂兰盆会"而形成的佛教节日。盂兰盆是梵文 ullambana 的音译,意译为"救倒悬"。按照印度佛教的规定,在每年雨季的三个月(约五月至八月)里,僧尼要定居在寺院里坐禅修道,接受供养,而不得外出,据说外出易伤草木小虫,这叫做"安居",这段时间也就称为"安居期"。中国佛教的安居期一般为农历的四月十六日至七月十五日。南亚、东南亚各国称安居为"雨安居",在中国则称之为"夏安居",或简称"坐夏"。在每年安居期满之日,佛教徒要举行检举忏悔会,一方面自己检讨忏悔自己的过失,另一方面也尽情地互相揭发过失,这叫做"自恣",这一天也就称之为"自恣日"。据汉译《佛说盂兰盆经》载,佛弟子目连以天眼看到死去的母亲在饿鬼道受苦,如处倒悬,便求佛救度,佛叫他在僧众夏季安居终了之日,即七月十五日僧众自恣日,备百味饮食供养十方自恣僧众,说这样可以救其母亲倒悬之苦。佛教徒据此而在每年七月十五日举行超度祖先的"盂兰盆会",这一仪式一般认为始创于梁武帝,后来便沿习而成为民间的一种风俗。每逢盂兰盆节,寺院都要举行水陆法会和放焰口(焰口为饿鬼名,放焰口为施食饿鬼以度之的一种仪式)等追荐死者的宗教活动,民间则家家户户在祖先牌位前供上各种食品以事祭祀,并从下午四时起在家门口供上饭菜以招待无家可归的鬼魂。这样,每年七月十五日祭祀祖先的中元节(有的认为源于道教)与佛教的节日便结合在了一起。唐代时,帝王和民众参与的盂兰盆会曾达相当的规模,装饰奢丽,十分壮观。宋代以后,盂兰盆会的奢丽庄严远不如以前,其意义也更多地是追荐亡灵,超度鬼魂,而不是以供佛供僧为主了,故民间俗称"鬼节",但影响仍然十分广泛。

腊八节也是佛教节日与传统节日相结合而成的一个民间的重要节日。"腊"在中国古代本为祭名,在农历十二月间进行,故农历十二月亦称"腊月"。每年腊月初八为腊祭百神之日,称"腊日"、"腊八"。佛教传入中国以后,汉族地区皆以腊月初八为释迦牟尼的成道日。为了纪念释迦牟尼的成道,寺院在腊月初八这一天常举行诵经活动,并效仿佛成道前牧女献乳糜的传说,取香谷和果实等熬粥供佛,名"腊八粥"。《百丈清规》卷二中说:"腊月八日,恭遇本师释迦如来大和尚成道之辰,率比丘众,严备香花灯烛茶果珍羞,以申供养。"僧人在腊八节吃腊八粥的习惯后传入民间,演化为一种民间习俗。自宋代以后,每年腊月初八,民间都要吃腊八粥以示吉祥如意,并有欢庆丰收之意。宋代孟元老的《东京梦华录》卷十记载说:"(腊月)初八日,街巷中有僧尼三五人,作队念佛,以银、铜、沙罗或好盆器,坐一金铜或木佛像,浸以香水,杨枝洒浴,排门教化。诸大寺作浴佛会,并送七宝五味粥与门徒,谓之腊八粥。都人是日各家亦以果子杂料煮粥而食也。"南宋周密的《武林旧事》卷三中也说:"(腊月)八日,则寺院及家人用胡桃、松子、乳蕈、柿、栗之类作粥,谓之腊八粥。"关于腊八粥的做法,清代富察敦崇所撰的《燕京岁时记》中有更为具体的记载:"腊八粥者,用黄米、白米、江米、小米、菱角米、栗子、红江豆、去皮枣泥等,合水煮熟,外用染红桃仁、杏仁、瓜子、花生、榛穰、松子及白糖、红糖、琐琐葡萄，以作点染。"腊八节吃腊八粥的民俗至今仍在民间广为流传。

泼水节是信仰上座部佛教的云南傣族的新年节日。根据南传佛教的说法，四月十五日是释迦牟尼的诞生日、成道日和涅槃日。傣族民众在四月中旬的三五天内欢度他们的新年佳节时，往往是男女老幼皆沐浴盛装来到寺院，在寺院围墙四周堆沙造塔，并围塔而坐，聆听佛爷念经，然后抬一尊佛像至院中，为之泼水，称"浴佛"。接下来，人们便互相泼水，以示送旧迎新，并祝福平安快乐。青年男女更是兴高采烈地走上街头，欢快地泼水嬉戏，并边歌边舞，把泼水节推向高潮。在节日期间，还举行赛龙船等多种庆祝活动。泼水节是傣族一年中最盛大的传统节日。其他如布朗族、德昂族和阿昌族等信奉上座部佛教的地区也都过这一节日。

# 第八章　绚丽多彩的藏传佛教文化

佛教传入中国后,因与不同的民族文化相结合而形成了不同的佛教文化传播系统。中国佛教的主流是汉地佛教,但佛教在少数民族地区也有传播,并对这些地区的社会和文化产生了不同程度的影响。少数民族地区的佛教,流传最广的是藏传佛教和云南上座部佛教,它们都是中国佛教不可分割的重要组成部分。藏传佛教主要在西藏、青海、内蒙古等地区生活的少数民族中传播,在尼泊尔、不丹等国也有流传。在漫长的历史发展过程中,藏传佛教形成了自己独有的文化特色。

## 一、藏传佛教的形成发展与特色

历史上,藏传佛教曾有过"前弘期"和"后弘期"两个发展阶段。据史料记载,佛教最早传入吐蕃大约是在公元 5 世纪左右。但佛教大规模地正式传入吐蕃,则是在公元 7 世纪的松赞干布时代。松赞干布用武力统一了青藏高原的各个游散部落,建立了吐蕃王朝。随着国势的增大,吐蕃王朝与唐朝及周边地区的政治、经济和文化交流越来越普遍。松赞干布先后迎娶了尼泊尔的尺尊公主和大唐王朝的文成公主,并在两位公主的影响下信奉了佛教。为了供佛,吐蕃开始兴建寺庙,一些来自印度、尼泊尔和汉族地区的僧人与藏人开始合作翻译佛经,并在译经过程中创造了藏文。虽然这些藏文的佛经没有保留下来,但对当时佛教的传播产生了影响。此为藏传佛教"前弘期"之始。

然而,吐蕃地区原来就有崇奉自然神灵和重祭祀等为主要特征的苯教(也称本教)。苯教对佛教的传入进行排斥和抵制,佛苯之争随着佛教在西藏的传播而日益激烈。松赞干布去世后,吐蕃王朝的领导权被信仰苯教的贵族大臣掌握,佛教的发展进入了低潮。至赤德祖赞当权时,情况曾一度有所好转,汉地佛教再次流行吐蕃,但不久又遭到了信奉苯教的贵族大臣的强烈反对,赤德祖赞去世后,他们更发动了藏族地区的第一次禁佛运动。直到新即位的赤松德赞成年以后,才重新发展佛教,特别是请来了印度密教大师莲花生来弘传佛教,莲花生进藏后曾将众多的苯教神祇收归为佛教的护法神,促进了佛苯融合,也使佛教密宗进一步藏化。赤松德赞去世后,他的后继者也都热衷于发展佛教。在帝王的支持下,佛教逐渐替代了苯教而成为藏人的主要信仰。但苯教的势力依然存在,并伺机反佛。至朗达玛上台后,在一些反佛大臣的支持下,开始了西藏佛教史上的第二次禁佛运动。这次运动虽然只持续了四年,但却使藏传佛教的传播中断了一百多年。"朗达玛灭佛"标志着藏传佛教"前弘期"的结束。

朗达玛因灭佛而最终被人暗杀,其政权也因其两子争夺王位而陷于分裂。吐蕃王朝分为两支,相互交战,最终引发了一场奴隶平民大起义,导致了吐蕃王朝的崩溃,整个西藏地区的政治陷于混乱之中。直到 10 世纪后半叶,社会才逐渐稳定下来,融合了苯教的佛教也随之重新得以传播,并正式形成了融合佛苯二教、具有自身特点的藏传佛教,开始了藏传佛教的"后弘期"。在藏传佛教的形成发展过程中,应邀前来传教的印度著名僧人阿底峡作出了重要的贡献。阿底峡精通"五明"、深究密宗,他努力使藏传佛教的教理系统化,修持规范化,不仅克服了西藏佛教界内部的混乱,完善了佛教本身,而且大大地促进了佛教在西藏地区的传播,他也因此而被藏人尊称为"佛尊"。

　　11 世纪以后,藏传佛教有了很大的发展,一批寺院得以建立,《藏文大藏经》得以编纂,僧侣人数也急剧增加。随着历史的发展,藏传佛教也逐渐形成了自己鲜明的特色,主要表现在:(1) 以融合佛苯为重要特征。例如苯教信奉的多神,纷纷融入藏传佛教,藏传佛教发明的用于祈祷的经轮,也是佛教神秘主义与苯教巫术结合的产物。(2) 以兼融大小二乘、显密二教为基本特色,并形成了先显后密的修行次第,以修行无上瑜伽密为最高次第。(3) 藏传佛教中陆续出现了宁玛派、噶当派、萨迦派、噶举派和格鲁派等众多的派别。(4) 建立了藏传佛教所特有的政教合一的寺院组织,被称为"拉萨三大寺"的哲蚌寺、色拉寺、甘丹寺,既是宗教中心,也是西藏的政治中心,政教合一成为藏传佛教的显著特点。(5) 形成了灵魂转世的活佛系统,这成为藏传佛教中特有的宗教领袖传承制度。由于政教合一,因而这也成为藏传佛教所特有的政治领袖和宗教领袖合二为一的活佛转世制。

　　15 世纪初,藏传佛教中的著名宗教领袖人物宗喀巴针对藏传佛教内部戒行废弛，僧人追求世俗财富，生活腐败等情况，大力倡导宗教改革。他依噶当派的教义，主张僧侣应当严守戒律，独身不娶，同时严格寺院组织和管理制度，不让贵族过多地干涉佛教内部事务，并著书立说，建构佛教理论体系。他所写的《菩提道次第广论》和《密宗道次第广论》，张扬显密二宗并重说，对协调各派起到了积极作用。宗喀巴的宗教改革对藏传佛教的发展影响十分重大。其所创的佛教派别被称为格鲁派，是藏传佛教中最后兴起的一个大教派，不但迅速取代各派而成为藏传佛教的主流，而且逐渐成为掌握西藏地方政权的教派，明嘉靖二十一年(1542年)，格鲁派开始采用活佛转世制度，至清代，正式形成了达赖和班禅这两大活佛传世系统，达赖和班禅的"转世"都必须经过清政府册封。至今，格鲁派依然是藏传佛教中的最主要的教派。

藏传佛教不仅在我国西藏地区流行，而且在蒙古族、裕固族、门巴族、纳西族等地区也有传播。藏传佛教在蒙古族地区影响极大，以至成了当地居民的主要宗教信仰，故也有把在蒙古地区流传的佛教称为蒙传佛教的。蒙古族原先信奉萨满教，13世纪初，成吉思汗统一了蒙古各部，开始逐渐吸收其他民族的宗教文化。元世祖忽必烈从八思巴受密教灌顶，皈依了藏传佛教，并封八思巴为国师。从此，藏传佛教在蒙古上层社会传播开来。明代以后，藏传佛教逐渐在民间流传，并逐渐取代了萨满教。生活在甘肃河西走廊一带的裕固族，本来也信仰萨满教，8世纪中叶建立回纥政权后改信摩尼教，11世纪初又改信佛教。到了元代，又因统治者的提倡而开始信仰藏传佛教。西藏南部门隅地区的门巴族也以藏传佛教作为主要信仰，但藏传佛教传入门巴族地区以后，并没有取代当地的原始宗教苯教，而是两者并存。另外，云南纳西族地区自17世纪的明代后期，也传入了藏传佛教，丽江一带尤为盛行。除了蒙古族、裕固族、门巴族、纳西族之外，藏传佛教在青海土族、四川羌族、云南普米族和怒族中也有相当的影响，成为这些民族生活中的一项重要内容。

## 二、藏传佛教的主要教派及思想

从思想上看，藏传佛教属于大乘空宗和密教。它以龙树中观学为重要的思想基础，主张"法无自性，缘起性空"，把一切事物和现象视为"幻有"，认为"一切法无不是空者"，只有克服俗谛的局限，才能达到对真谛的了解。而密教则是大乘佛教和印度教相结合的产物，其根本思想本于佛教，但除了修习经、律、论三藏之外，还特别注重仪轨，对设坛、诵咒、供养、灌顶等都有严格的规定，而且必须经传法师（阿阇梨）秘密传授。认为佛与众生体性相同，众生只要依法修持"三密加持"，就能即身成佛。佛教密宗传入西藏后，其巫咒之术与苯教"重鬼右巫"的传统相合，其即身成佛的思想对于缓合阶级对立也有一定的作用，因而很快被人们接受而成为藏传佛教的主要内容。

从11世纪中叶到15世纪初叶的三百多年间，是藏传佛教各教派的形成时期。在这些众多的教派中，流行较广、影响较大的有宁玛派、噶当派、萨迦派、噶举派和格鲁派。这些教派传承及修持的密法不同，在教义解释、宗教礼仪方面亦各有特色。

1. 宁玛派

宁玛派是藏传佛教各派中历史最为久远的一派。"宁玛"一词在藏语中有两种含义:"古"和"旧"。所谓古,是说这个教派认为自己的教法是由公元8世纪的莲花生传下来的,这比创立于11世纪中叶以后的其他教派要早出300多年。所谓旧,是指他们自称以弘扬吐蕃时期所译的旧密咒为主。实际上,宁玛派是公元11世纪左右才形成的,奉莲花生为祖师,以莲花生所传密教经典为依据。开始时并无名称,在其他教派陆续产生后,才因其传承旧密咒而被称为宁玛派。其僧人都戴红帽,故俗称"红教"。

宁玛派形成后,依然保持其组织涣散、教徒分散的特点。他们各有传承,教法相异,重密轻显,以念咒、祈禳、驱魔等活动为主。僧人没有学经制度,可以娶妻生子,参加生产。后来,宁玛派由于受到"新密咒"的影响,对显宗理论的学习也有所重视了。

宁玛派的教理与苯教类似,都有所谓"九乘":一声闻乘,二缘觉乘,三菩萨乘,四作密,五行密,六瑜伽密,七大瑜伽密,八无比瑜伽密,九无上瑜伽密。其中第九乘包括"大圆满法","大圆满法"也是最高密法。宁玛派认为,万法都是人心这个本体所生,无本心即无万物,修习"大圆满法",就能摆脱一切诱惑,使心灵得以净化。

2. 噶当派

噶当派又称迦当派。除了宁玛派之外,公元11世纪以后新出现的藏传佛教诸派中,噶当派出现最早。在佛经中,

"噶"意为佛语,"当"意为教授、教诫。"噶当"即为一切佛语都是对僧人修行全过程的指导之意。首先提出这种看法的阿底峡是噶当派的奠基人,其弟子仲敦巴(1005—1064)是该教派的创始者。

阿底峡进藏时,针对显密二教势同水火,教法修行次序混乱的状况,撰写了《菩提道灯论》,阐明了显、密教义不相违背的道理和修行应遵循的次第,为噶当派的理论和实践打下了基础。仲敦巴是阿底峡的高足,一直追随阿底峡,学得各种显密教法。阿底峡去世以后,门徒多跟随仲敦巴学法。公元 1056 年初,仲敦巴在热振建寺,后来便以热振寺作为根本道场,逐渐形成了噶当派。仲敦巴有三个著名的弟子,后来分别形成了噶当派的三个支派。一派称教典派,比较重视佛教经典的学习;一派称教授派,偏重于师长的指点与教授,注重实修;还有一派称教诫派,比较注重戒律的修行。

噶当派强调戒律和修行次第,并调和显、密二宗,创立了"观行并重,显密贯通"的宗风。在教理教义方面,噶当派推崇显宗,但也不排斥密宗,在修习次第问题上强调先显后密,主张显密二教互相补充,共同发展。此派遵循以显教教义为基础的《真实摄经》修密法,理论比较正统,在藏传佛教中享有显密教法"纯净"的声誉。

公元 15 世纪初,宗喀巴在噶当派的基础上创立了格鲁派,噶当派的寺院都变成了格鲁派寺院,噶当派遂并入格鲁派。但噶当派对其他各派的影响仍然很大,对藏传佛教的发展起了重要的推动作用。

### 3. 萨迦派

萨迦派的始祖是卓弥·释迦意希(994—1078),实际创始人是款·贡却杰布(1034—1102)。公元1073年,款·贡却杰布在后藏仲曲河谷的萨迦修建了"萨迦寺"。"萨迦"藏语意为"白色"。当地土地为灰白色,故人称该地为萨迦,称该寺为萨迦寺,以萨迦寺为主寺形成的教派也就叫做萨迦派了。由于该派寺庙的围墙上涂有象征文殊、观音和金刚手菩萨的红、白、黑三色条纹,故人们又称这一派为"花教"。

贡却杰布之子贡噶宁布不仅继承了父亲传授的"道果法",而且从其他名僧那里学得许多显、密教法,成为使萨迦教派体系完整、影响大增的第一人,被奉为萨迦派五祖之首。其第二、第三个儿子分别成为萨迦二祖和三祖。其第四个儿子的长子萨班·贡噶坚赞被奉为萨迦派的第四代祖师,有《三律仪论》《正理藏论》和《萨迦格言》等著作对后世有较大的影响。萨班的侄子八思巴是萨迦派第五祖。公元1260年忽必烈当了蒙古大汗以后,八思巴被封为国师,后又被加封为帝师,并获得了元、明两代对西藏佛教领袖人物的最高封号"大宝法王"。元朝衰落后,萨迦派的政治地位被噶举派所取代,仅在萨迦还保持着政教权力。

萨迦派在政治上失势之后,作为一个教派仍有一定的影响。在显宗方面,形成了雅处、绒敦和绕绛巴、仁达哇两个系统。在密教方面,则有俄尔、贡噶、擦尔三派。

萨迦派的教义以独特的"道果法"为核心,认为修法者断除一切烦恼,即可获得"一切智"而达到涅槃境界之"果"。从思维方式上看,萨迦派的道果法采用的是佛教的否定性思维,通过否定事物的真实性及人们对事物的认识,破除"我执"和"一切见",从而引导人们去追求超越现实世界的理想境界"涅槃",这种否定性思维对藏族人的民族心理产生了重要的影响。

4. 噶举派

噶举派是以口传密法进行修习的一个教派。在藏语中,"噶"意为佛语,"举"意为传承,合起来就是"口授传承"的意思。因为该派僧人都穿白色僧裙,故俗称"白教"。

噶举派主要分为两大系统:香巴噶举和塔布噶举。香巴噶举的创始人是琼波南交,据说他从印度学得密法回藏后,在香地(今西藏南木林县)建立了108座寺院,颇具实力。但公元15世纪以后,香巴噶举派便渐趋式微。后来所说的噶举派,通常指塔布噶举。

塔布噶举的创始人是塔布拉杰(1079—1153),初习噶当派中教授派的经典,后从米拉日巴学习密法,又吸收了苯教的一些教义和形式,把它们融合起来,以"大印法"为主,形成了自己的体系,创立了塔布噶举派。塔布拉杰积极提倡讲经,对当时藏传佛教界普遍兴起讲经之风起了重要的推动作用。

噶举派有四大支系,它们是噶玛噶举、蔡巴噶举、拔戎噶举、帕竹噶举,其中帕竹噶举一系曾掌管西藏地方政权达两个世纪之久。噶举派不仅派系多(有四大支八小支),实力强,而且分布也广(遍及西藏全区),对西藏地区政治、经济、文化有过重大影响。噶举派的四大支系之间虽然存在着种种差异,但在教义教法方面又有其共性的方面。噶举派注重

密宗,讲求修身,不重文字。其主要教法是"大印法"。所谓
"大印法",即"大手印法",又叫"白法",是藏传佛教密宗的修
身法,其特点是显密兼修,强调在呼吸、脉、明点等生理方面
下功夫。

### 5. 格鲁派

格鲁派是藏传佛教各教派中最后兴起的一个大教派。
它于公元15世纪初叶兴起以后,迅速取代了其他各教派的
地位,成为后期藏传佛教的唯一主角,在西藏社会和文化的
发展史上具有任何其他教派所不可比拟的重要地位。

格鲁派的形成,是宗喀巴进行宗教改革的结果。公元14
世纪后期,藏传佛教各教派普遍出现了戒律松弛、僧人腐化
的"颓废萎靡之相"。针对这种状况,宗喀巴高举宗教改革的
旗帜,开始了创建新教派的行程。

宗喀巴(1357—1419)系统地学习了藏传佛教显密各派
的教法,讲经授徒,声望日高。在帕竹政权的支持下,他开始
进行宗教改革,采取大乘戒律说教,主张僧侣无论学显学密,
都要严守戒律,独身不娶。他身体力行,发愿修复寺庙,并严
格寺院的组织管理制度,努力摆脱贵族对寺院的操纵。他撰
写了《菩提道次第广论》《密宗道次第广论》等许多著作,强调
显密兼修,规定了先显后密的修行次第。公元1409年,宗喀
巴创建了甘丹寺,这是格鲁派形成的一个标志。人们把他们
的理论称为甘丹必鲁,简称甘鲁。甘鲁后来又演变成"格
鲁",意为善规。由于其在拉萨附近建造甘丹寺为根本道场,
也称甘丹寺派。又因该派僧人戴黄色僧帽,故又俗称"黄
教"。由于宗喀巴宣称是在噶当派教义的基础上建立新教

的,所以人们又称之为新噶当派。17世纪以后,该派在清政府的大力支持下成为西藏地区的执政教派,其势力逐渐扩展到西康、甘肃、青海和蒙古等地。

格鲁派在宗教教义方面兼采西藏各派之长,具备五明(声明、因明、医方明、工巧明、内明)及文法、算术等世间学问,把藏传佛教的理论发展到了历史的最高峰。在修行方法上,格鲁派继承并发展了噶当派的显密兼修思想,批判"顿悟"修行法,提出了渐修积学的"渐悟"主张,要求先显后密,依次修习,渐至成佛境地。格鲁派的教法比以往各派的教法更加严密、更加系统化。

## 三、异彩纷呈的藏传佛教文化

绚丽多彩的藏传佛教文化,内涵丰富,形式多样,除了它的思想学说之外,还体现在佛教典籍、文学艺术、寺院建筑、雕塑绘画等许多方面。

藏传佛教的译经事业,直接推动了藏文的发展、印刷术的引进及推广。自公元7世纪松赞干布命大臣吞米·桑布扎创制藏文以来,藏族就开始了梵、汉、于阗等文的佛经翻译。到公元8世纪赤松德赞、热巴巾执政时,吐蕃的佛经翻译、整理、编目达到了高潮。吐蕃王朝不仅在王宫和桑耶寺专门设立译场,礼聘译师350多人,译出佛典4400多部;同时还编辑出藏传佛教史上著名的《秦浦》《庞塘》和《登迦》三大佛经目录。早期的佛经翻译主要以手抄本为主,有的写在桦树皮上,有的抄写在贝多罗树叶上,但大多数是书写在特制的藏纸上。这一时期还没有编纂出相对完整的藏文大藏经。大约在 13 世纪中期夏鲁派高僧布顿大师在前人佛经翻译和编目的基础上编纂出第一部《甘珠尔》和《丹珠尔》大藏经目录。其后,著名学者蔡巴·贡噶多吉聘请布顿大师共同编纂、审校完成了第一部藏文大藏经,遂成为定本,这就是后世著称的"蔡巴甘珠尔"大藏经。

藏文大藏经分为《甘珠尔》和《丹珠尔》两大部分。《甘珠尔》意为佛语的翻译,即佛说经典的译文,也称正藏,包括显密经律,有经籍 1108 种(德格版)。《丹珠尔》意为论著的翻译,也称祖部,又叫续藏,是对佛经注疏和论著的译文,包括经律的阐释、密宗仪轨以及五明杂著等,有经籍 3461 种(德格版)。

藏文大藏经除佛教经律论等内明著作外,还包括了因明(逻辑学)、声明(语言文字学)、医方明(医学)、工巧明(天文历算、工艺技术等)等方面的著述。因此,藏文大藏经不仅是一部佛教丛书,也是一部古代的百科全书。其中收录的经籍大部分是 8 至 13 世纪时从梵文翻译的,少部分译自汉文。其中密教经轨及论著等,大部分是汉文大藏经中所没有的,因此备受国内外学术界的重视。

13 世纪以前,藏文大藏经主要是以手抄本的形式流传。直到元皇庆二年(1313)至延祐七年(1320),在纳塘寺堪布觉丹热智的主持下,收集各地经、律、密咒校勘雕印,是为藏区第一部木刻版大藏经,也叫"纳塘古版"《甘珠尔》大藏经(也有学者认为纳塘古版藏经其实并不是刻版藏经,而是一部抄写精美的手写本藏文大藏经)。学界一般认为最早的刻版藏文大藏经是永乐版大藏经。继永乐版《甘珠尔》之后，又有万历版《甘珠尔》、丽江版《甘珠尔》、卓尼版大藏经、纳塘版大藏经、德格版大藏经、北京版《甘珠尔》、拉萨版《甘珠尔》、拉嘉版《甘珠尔》等先后刊印。

在编纂、出版各种版本《大藏经》的过程中，形成了拉萨布达拉宫、日喀则那塘寺、德格更庆寺、青海塔尔寺、甘肃拉卜楞寺、甘南卓尼禅定寺等一批印刷中心和文化典籍保藏中心。德格印经院规模较大，藏有各种藏文典籍书版 20 多万块。有的佛经用金、银汁书写，内包绸帕，外护木板，装潢十分精美。八思巴兴建萨迦大殿，集中了西藏所有能够抄写经书的人员，收集、抄写了 10 多万册佛教经典，其中包括许多用梵文书写的贝叶经，其数量之多，为世所罕见。

藏传佛教史学的发展，也促进了藏族文化的创造与流传。布顿·仁钦朱于 1322 年完成的《布顿佛教史》、蔡巴·贡嘎多吉于 1346 年写成的《红史》、索南坚赞于 1388 年写成的《西藏王统记》、管译师童祥于 1478 年完成的《青史》、五世达赖阿旺罗桑嘉措于 1643 年所著的《西藏王臣记》等，都是研究藏史和藏传佛教史的名著。

藏传佛教文学也有很大发展，尤其是在诗歌创作方面取得了多方面的成就。噶举派高僧米拉日巴是一个开创写宗教诗、风景诗的诗人。他有一部揭露社会不良现象、抨击僧俗上层贪鄙欺诈的道歌集，在藏族人民中流传很广，在西藏文学史上占有重要地位。萨迦派四祖萨班·贡噶坚赞的传世名著《萨迦格言》收集了 457 首格言诗，内容丰富，思想深刻，语言精炼，脍炙人口，曾被译成蒙古文和汉文。在《萨迦格言》的影响下,15 世纪末的黄教喇嘛索南扎巴(1478—1554 年)著有《格丹格言》,18 世纪的拉卜楞寺高僧贡唐·丹白仲美完成了《水树格言》。这些格言诗因生活气息浓厚、艺术手法独特、义蕴深刻、深入浅出而久享盛名。六世达赖喇嘛仓央嘉措(1683—1706 年)的不朽诗篇《仓央嘉措情歌》热情歌颂了对美好爱情的向往和追求,深为藏族人民喜爱,传唱不息。

藏传佛教艺术则始于公元 7 世纪的松赞干布时代。当年,尼泊尔尺尊公主和唐朝文成公主进藏时所带去的一些佛像,被认为是藏传佛教造像的开始,也开启了藏传佛教艺术发展的历史。吐蕃时期的佛教造像主要以引进和学习模仿印度、尼泊尔、汉地等的造像艺术为主,还没有完全形成自己的造像传统和民族风格。古格王朝时期,西藏阿里地区的佛教造像艺术更多地受到早期克什米尔、西印度、甚至西域和中亚佛教造像艺术的影响。而与内地接近的青海、四川、云南等地的寺院造像则受到了汉传佛教造像艺术手法的影响。1260 年尼泊尔艺术家阿尼哥入藏,设计修建了一些著名的寺院和佛塔,并为西藏培养了许多艺术家。随着元朝政府对藏传佛教的扶持,藏传佛教的造像艺术也传入内蒙、辽宁、河北、北京及山西五台山、浙江杭州等地,对汉藏佛教文化艺术的交流起到了积极的促进作用。经过 1300 多年的历史演变与发展,藏传佛教艺术已形成了浓郁的民族风格和地方特色。

从寺院建筑艺术上看,融印、汉、藏等文化于一体的藏传佛教寺院建筑,集中了藏传佛教文化的许多精品。寺庙经殿、佛堂、庭院、佛塔建筑的高超技艺，反映了藏族人民的聪明、智慧和艺术才华。特别是巍然屹立于拉萨平原一座突兀孤山上的布达拉宫，代表了藏传佛教建筑艺术的最高成就。全寺有近万间房屋，由山麓到山巅，13 层（实际为 9 层）宫殿叠叠而上，高达 119.17 米。主体建筑为红宫和白宫。刷红土的红宫居于正中，是历代达赖的灵塔殿和各类佛堂，刷白粉的白宫包括达赖寝宫、客厅以及各种政治活动场所。全寺绕以厚达 3 米的石围墙，墙上开门为入口。5 座宫顶覆盖镏金铜瓦，巍峨耸峙，雄伟壮丽。其体积之大，气势之伟，构思之妙，堪称世界之最。宫内珍藏着大量雕塑、壁画和明清两代的敕书、印鉴、礼品、匾额及佛教典籍等文物。

15 世纪初，藏传佛教各教派形成后，分别建寺而居，各地寺院呈现多种风格。位于拉萨城郊的格鲁派寺院哲蚌寺、色拉寺、甘丹寺以及日喀则的扎什伦布寺合称黄教四大寺。四寺依山而建，层层相重，最后高耸的巨宇为正殿，具有明显的汉地楼阁风格。

藏传佛教的雕塑也很有特色。最初，藏传佛教的雕塑作品多以青铜为材料，用失蜡法铸造，而后镀金（后改为面部贴金），石雕像极少。塑像以黄泥或草泥为料，也有的以纸浆脱胎法制作。甘丹寺的明代雕塑大量表现密宗内容，各种神像或面目狰狞，或迎击魔障，或得胜狂欢，情态各异，造型生动。布达拉宫中藏有金、银、铜等各种大小佛像 20 余万尊。有的小如核桃，有的高大宏伟，个个形象生动，栩栩如生。其题材以观音、文殊、度母等保护神居多，亦有宗喀巴坐像等写实作品。扎什伦布寺的大铜佛通高 26.7 米，耗紫铜 23 万斤，黄金 558 斤,珍珠 300 多粒,以及珊瑚、琥珀、松耳石等无数珍贵金石。这是世界上最大的铜质佛像之一。

藏传佛教造像的内容,大致包括 9 个方面的门类。一是佛像类:这类造像在藏区数量最多。二是菩萨类:这在藏传佛教艺术中也占很大的比例,其中又以观音菩萨和文殊菩萨的数量为最多。三是度母类:度母在藏传佛教中又称作"卓玛"、"多罗母",相传是观音菩萨化现的救苦救难的菩萨,共有 21相,藏传佛教称她们为 21 度母,藏区寺院里最常见、最流行的度母造像是白度母和绿度母,前者被认为是尺尊公主的化身,后者相传是文成公主的化身。四是佛母类:佛母是藏传佛教密宗供奉的女性护法神祇,被认为是诸佛之源,也有"佛以法为师,佛从法生,法是佛母"之意。五是护法类:护法神像也就是护持佛陀善法的神灵。六是金刚类:这主要是藏传佛教密宗修行中的本尊或护法神造像。七是罗汉类:藏传佛教寺院中的罗汉造像一般是指十六罗汉像,也叫十六尊者像。一般认为最早的罗汉造像是从中原传播到西藏地区的。八是祖师类:主要是藏传佛教历史上各个教派的创始人,或是该教派著名高僧大德的造像。九是人物类:主要是自吐蕃以来,历代护持佛法的国王、大臣、王妃、著名文化人等的造像。

藏传佛教造像艺术的风格可以分为三大类。一是属于静态类的善相造像,如佛、菩萨、度母等。二是属于忿怒相的造像,主要是护法神系列中的神灵。三是兼有善怒两种表情的造像。为什么在藏传佛教会有那么多的狰狞恐怖、鼓目圆睁的愤怒造像呢?按照密宗的说法,无明烦恼是人们内心最大的敌人和邪魔。为了使修习者的意念能够迅速地捕捉到引起人们内心烦恼的邪魔,故把这些邪魔描绘成令人厌恶的形象,以象征贪、嗔、痴念所引起的无明烦恼,甚至还以一个被踏在护法神脚下衰竭待毙的非人形魔怪形象来供人们反思和修行。理解了密宗的这些象征意义,才能较准确地认识和欣赏藏传佛教造像艺术的精髓所在。

在藏传佛教寺院建筑、佛像雕塑、彩饰壁画三位一体的佛教美术中,藏传佛教的绘画也别具一格,成就十分突出。西藏佛画主要有两种形式。一种叫曼荼罗(梵语音译,意为轮集),中央画一佛或菩萨为本尊,似莲台;四方及四隅各画一菩萨,似八支莲瓣;最外边画一、二层菩萨或护法诸天像。另一种叫唐喀(藏语音译,意指卷轴佛像),又称唐卡,画于布帛或丝织品上。其制作过程是先浸湿画布,撑于木框,刷以淡石灰水,再铺上白布,打磨后涂上水胶。然后以粉本起稿,涂上底色,再分色晕染,最后贴金。一般长二三尺,悬挂于室内。最大者达10多丈,存于布达拉宫,每年展出一次,自宫顶垂下,十分壮观。

彩饰壁画在藏传佛教绘画中占有十分重要的地位。绘制于13世纪的业玛寺壁画,以佛教和本生故事为题材,每幅画具有独立情节。人体偏长,带有印度风格。14世纪夏鲁寺壁画则带有汉地特色。宁玛派重要寺院桑耶寺主殿大回廊的明代壁画以人物、花鸟、山水等为题材,描绘精细,风格古朴,充满生活情趣。布达拉宫壁画以反映佛教故事、西藏风貌、历史事件为主,绚丽多彩,气象万千。有的壁画高五六米,长几十米,几百幅画连续不断,气势磅礴,感染力极强。其中的《修建布达拉宫图》、《达赖五世朝觐图》等,具有较高的历史价值。

# 第九章　南国风情的云南上座部佛教

　　云南上座部佛教属于南传佛教。南传佛教是指由印度向南传播而形成的广泛流传于斯里兰卡、缅甸、泰国、柬埔寨、老挝等国家以及我国云南傣族等少数民族地区的佛教。因其主要是上座部佛教，故又称"南传上座部佛教"；又因其三藏经典使用巴利语，故也有称其为"巴利佛教"的。在我国云南少数民族地区流传的南传佛教，则一般称作"云南上座部佛教"，有时简称"云南南传佛教"，它是中国佛教的三大组成部分之一，信奉的民族主要有傣族、布朗族、德昂族、阿昌族、部分佤族和少量彝族，主要分布在德宏、保山、临沧、思茅、西双版纳、红河等地区。云南上座部佛教具有全民信仰的特点，对当地民族的社会、文化、艺术、教育和民风习俗等产生了极其深远的影响。

## 一、云南上座部佛教的传播与派别

　　关于南传佛教何时传入云南地区，有各种不同的说法。最早的有公元前传入说，最晚的有 14 世纪末、15 世纪初传入说，时间跨度很大。现一般认为，佛教传入云南地区的时间虽然很早，但就目前存在于云南地区的较为成熟形态的南传上座部佛教而言,它是随着泰、掸、老、傣族等同族源民族文化圈的形成而传入的。最早是在 13、14 世纪,由泰国北部传入西双版纳地区,到 14、15 世纪逐渐流行,并在 15 世纪传入德宏地区。

南传佛教传播于云南各少数民族之中,尤其以在傣族中发展得最为完备。13 世纪末傣文创制后,出现了用傣文刻写在贝叶上的佛经,这为佛教在傣族的进一步发展提供了重要基础。15 世纪时,南传佛教已在傣族地区得到广泛流传,其宣扬的"自我解脱"的精神,迎合了处于封建村社制度下的自然农业经济的社会需要,因而成为傣族地区占统治地位的意识形态,并在西双版纳等地形成了政教合一的制度。明隆庆三年(1569 年),缅甸的金莲公主嫁给了西双版纳宣慰使刀应勐,缅甸国王特派遣一个僧团带着三藏典籍和佛像等前来传教。最初在景洪地区修建了一大批寺塔,后又前往德宏、耿马、孟连等地传教,大大促进了南传佛教的传播及其影响。

由于不同的民族都有自己特有的民族文化传统和生活习俗,受此影响,南传佛教在其传播发展中,也分为了不同的派别。现在云南地区的上座部佛教主要分为润派、摆庄、多列、左抵四派,并又可细分为八个支派。

润派:以清迈为中心的泰国北部地区,历史上称为"润国",所以,这里的佛教称为"润派",也称林居派。润派佛教在云南上座部各派别中分布最广,尤其在西双版纳地区占有绝对优势。历史上,润派佛教主要是从泰国的清迈一带经由缅甸的景栋而传入西双版纳地区的。而泰国润派僧团的分裂,也直接影响到西双版纳佛教,使西双版纳的"润派"也分裂为"摆坝"和"摆孙"两派。前者为"林居派",其寺院大多分布在山林中,僧人持戒较严;后者为"住田园派",其寺院多建于村寨中,持戒较宽松,生活优裕。

摆庄派:德宏及保山地区的傣族、德昂族、阿昌族还有一派僧团,称为"摆庄","摆庄"意译为寺院。该派于15世纪从缅甸的佤城传入德宏地区,其经典、戒律、仪轨与润派,尤其是润派中的摆孙派很接近,僧人持戒较宽松,亦接近摆孙派。摆庄派的佛教寺院建筑和造像都受到汉传佛教的影响,并供奉观音和弥勒佛等。

多列派:又作"朵列",缅语的音译,"多"意为"树林","列"意为"居住",故多列派又俗称山林派。此派大致在18世纪四五十年代从缅甸传入云南,主要流行于临沧、德宏的傣族和德昂族地区。"多列"派在发展过程中,又先后分裂为"达拱旦"、"苏特曼"、"瑞竟"、"缅座"等四个支派。多列派在上座部佛教中属于比较保守的教派,其信徒严格持守佛教五戒而不杀生,除报晓的公鸡外,不畜养家禽。此外,亦不信奉佛教之外的神祇,但可祀拜外村寺院的佛与僧侣。本村僧侣若后继无人时,则可请外村僧侣继承,或亦可改信摆庄、左抵等教派。多列派称佛寺为"庄"(润派称"洼"),其庄房既不建在村寨之中,也不建在远离尘嚣的山林村寨之中,而是距村寨不远不近,大约数百米的地方。多列派最大的特点是较多地保留了缅甸佛教的传统,缅式佛教文化色彩较浓。

左抵派:"左抵"意译为"诚心"。相传此派是从"多列派"分出,约在19世纪末期传入云南。此派远离村寨,僧人遵守严格的戒律,无故不出寺门,更不准入民家。如果必须出寺门,则须赤足而行。僧人不可在一寺久住,经过一段时间以后,便由大佛爷带领本寺僧人离开寺庙到各地游化,然后定居到另一寺中。此派信众不准吸烟、喝酒,更不准杀生,除报晓的公鸡外,家中不得饲养家禽家畜。该派在历史上曾一度兴盛,后因与当地土司发生冲突而失去支持,逐渐趋于衰落,再加其戒律过严,僧侣和信众越来越少。

## 二、云南上座部佛教的经典与教义

云南上座部佛教的主要经典是傣文贝叶经。13 世纪末傣文创制后,出现了巴利三藏的傣文音译本。西双版纳等地区的傣文经典大多刻写在贝叶上,所以称为贝叶经。除音译的巴利三藏外,一般重要的经典还有傣文的译本和注释。大量傣族等高僧学者的著述,包括经典注释、史书、诗文等,也被收罗到贝叶经中。历代傣族佛教徒在翻译巴利语三藏时,一方面秉承了上座部佛教的教理、仪轨等思想,同时又将之与本民族的历史、文化、心理、经济生活等现实巧妙地结合起来,发展成具有区域特色的云南上座部佛教。因此,傣文贝叶经不仅是南传佛教的经典,也是民族文化的宝库。

与东南亚巴利语系佛教经典一样,云南上座部佛教的经典也包括经、律、论三藏和藏外典籍四大部类。经藏包括《长部》《中部》《相应部》《增支部》和《小部》五部分。律藏由《波多夷》《波逸提》《大品》《小品》和《附篇》五部分组成。论藏包括《法聚论》《界论》《双论》《发趣论》《人设施论》《论事论》和

《摄阿毗达磨义论》七部。藏外典籍则主要有《弥兰陀王问经》《岛史》《大史》《小史》《清净道论》等。

与现行的巴利三藏相比，云南上座部佛教三藏中，论藏虽然也是七部，但缺少巴利三藏中的《分别论》，而代之以《摄阿毗达磨义论》，藏外典籍中也没有包括《善见律》等。而各民族历代高僧学者的著述，举凡天文、历算、医药、历史、语言、诗歌、民间传说以及佛经故事等，虽然不属于正式佛典，但都被视作佛典的形式而流传。在佛教仪式中，《守护经》则是必不可少的念诵经文，《守护经》共有八部，其中如《三宝经》《慈经》《大吉祥经》等尤为常用，这些经文宣扬慈悲善良、忍让布施等伦理精神，成为社会道德教化的重要手段。

贝叶经具有高度发达的宗教伦理思想，又融入了天文、历法、医学、文学、语言学等内容，历代佛教徒正是通过从贝叶经中吸取养分，而获得了高深的理论造诣。他们有的人专攻天文或历法，有的人精通文学艺术，一代接一代的知识分子被培养出来，在政治经济、生产生活等各领域发挥着举足轻重的作用。

云南上座部佛教的教义大致继承了早期佛教的基本宗旨和教理，以缘起论与业报轮回思想为核心。缘起论主张一切事物都是基于一定的原因和条件而产生，也随着这些原因和条件的消亡而归于消亡，具体包括十二因缘、四圣谛、八正道等理论，而以"三法印"，即"诸行无常、诸法无我、涅槃寂静"为贯穿其间的思想基础。业报轮回思想认为，身、口、意的作为，即一切身心活动，都会产生一种持续的影响力，即所谓业力，直到感得相应的果报为止，由此众生在六道轮回，流转不息。所以上座部佛教主张修善积德，断灭烦恼，止息轮回，证得涅槃，实现个人的彻底解脱。上座部佛教视释迦牟尼为世间的觉者和导师，信徒们精进修行，断灭烦恼，超脱轮回，能获得的最高果位是阿罗汉，而不是成佛。

以自我解脱为旨归，上座部佛教注重禅定修行，并发展出了一套较为完善的禅修体系，最重要的是"四念处"观。四念处为身念处、受念处、心念处、法念处，即分别观身不净、观受是苦、观心无常、观法无我，通过在禅定中不断观照，从而断除烦恼的束缚，获得解脱自在的阿罗汉果。目前，东南亚上座部佛教的各种禅修体系在国内日益盛行，云南地区的上座部佛教也在积极对此作出回应。

从戒律上来说，云南上座部佛教的戒律也略有变化。戒律分为居士戒、沙弥戒和比丘戒三种。居士戒分为五戒（信哈）和八戒（新别）两种。五戒为：不杀生、不偷盗、不邪淫、不妄语、不饮酒吸鸦片。八戒是在五戒的基础上再加上：不卧坐高广华丽之床、不装饰打扮、不非时食。沙弥戒有十戒，即不杀生、不偷盗、不淫欲、不妄语、不饮酒吸鸦片、不非时食、不歌舞观戏、不涂香戴花、不卧高广大床、不蓄金银财宝。比丘戒为227条，与汉地佛教比丘戒有250条稍异。就其戒相来讲，与汉地佛教《四分律》比丘戒基本相同，只是在次序上有先后之别。

日常生活方面，僧侣一般由民众轮流送饭供养，有的寺院由布奖、年长学僧或沙弥尼来承担炊事工作。比丘、长老、沙弥（沙弥尼）、学僧等，一般都在六点以前起床。出夏安居期间，受戒者在傣历每月15日和最末日皆入佛寺拜佛。入夏安居期间,则在傣历初 7、8、14、15、22、23、29、30 日进入佛寺集中拜佛。这期间,佛寺已修缮好供其住宿的男女宿舍,饮食则由家人送来或集体开伙。僧侣一般在"帕嘎摆"、结婚典礼、进新房、死亡超度时接受迎请至信徒家中念经。信徒每家都设有佛龛,受戒者每日清晨和夜间都须在佛龛前念经拜佛约半小时。新建佛寺、佛塔、佛像都要举行"开光"庆祝大典。佛寺、佛像、佛塔的破损剥蚀,即意味着祸事即将降临,要尽快做摆集资,予以修缮。

## 三、民族特色的信仰、习俗与文化

南传上座部佛教是傣族人的全民信仰,傣语称之为"沙瓦卡"。历史上,傣族的统治者曾既是政治领袖,也是宗教领袖。最高统治者召片领(即宣慰使)的尊称是"松领帕丙召",意为"至尊佛主",村寨头人"叭"的含义就是佛主命令的执行者。各级头人既管百姓,也管鬼神。各级行政机构中都有一名专门的宗教头人(即波章)管理宗教事务,并有与之相应的佛寺。召片领、召勐等封建主在各种宗教节日里任免其下属的封建统治者和代理人,将各级封建政权加以神化。在西双版纳,"祜巴"级以上的各级僧侣的加封撤换,都必须经召片领批准。在德宏,由土司加封的"御封佛爷"负责管理全区佛寺。在这种政教合一思想的指导下,傣族地区"村村有佛寺,人人当和尚",佛教的宗教思想渗透到了社会生活的各个方面。

按照上座部佛教自我解脱的主张,每个傣族男子都要出家过一段僧侣生活，才能成为新人或受教化的人，才有成家立业的权利，否则将受到歧视。而且，寺院是唯一的学院，只有高级僧侣才精通傣文，因而傣族男童从六七岁起就要进佛寺出家为僧，接受文化知识教育和佛学教育，接近成年时再还俗。个别被认为优秀的，可以继续留寺深造，并按僧阶逐步升为正式僧侣。僧阶大体可分帕（沙弥）、都（比丘）、祜巴（都统长老）、沙密（沙门统长老）、僧伽罗阇（僧王、僧主长老）、帕召祜（阐教长老）、松迪（僧正长老）、松迪阿伽摩尼（大僧正长老）等八级。或在帕之前增帕诺（行童）一级，在都之后增都龙（僧都）一级，则为十级。自五级以上的晋升十分严格，最后两级在整个西双版纳地区只分别授与傣族和布朗族各一个，成为地区最高宗教领袖。

傣族佛教提倡以佛祖释迦牟尼为榜样，通过入寺为僧，不断修行，逐步升级，最终解脱。不出家的信众，则应通过逢年过节、婚丧喜事时向寺院"赕"（敬献之意，此处指布施）佛，积德行善，以达涅槃。傣族佛教还认为，如果现世不做善事，甚至作恶，后世将被打入地狱，或成为饿鬼、畜生，受到严惩。

傣族佛教与原先流行于该地区的原始宗教既有斗争，也有融合，形成了两种信仰互相渗透、互相补充的局面。有的傣族佛经主张只能信佛，不能祭鬼。有一部叫《坦雅尼》的佛经主要就宣传这样的内容，因而俗称"佛不许送鬼"。《坦雅尼》在傣族有许多手抄本，广泛流行于佛寺和民间，影响很大。傣族佛教对原始宗教也有不少妥协之处，例如允许僧侣吃肉、喝酒、串姑娘等。有些僧侣既宣扬佛法，又替人叫魂送鬼。傣族民众普遍认为，人死以后，灵魂不灭，会变成各种鬼怪,仍与人间的社会生活发生联系。为了避免鬼魂害人,要进行各种祭鬼活动。村寨死了人,要停止春米、纺线等劳动。出殡时,要请佛爷念经,率领众亲友进行各种赶鬼活动。棺材抬出后,要留下一人打扫房子,不让鬼有藏身之地。天长日久,傣族佛教与原始宗教相互融合,佛教活动中掺入了许多鬼神的内容,而原始宗教的鬼神崇拜中也掺入了佛教的内容。

傣族佛教思想还渗透到了傣族的科学技术、文学艺术和生活习俗之中,使其打上了深刻的宗教烙印。例如,天文历算常被僧侣用来作为占卜的工具,文学、绘画、雕塑所反映的题材也大都与佛教有关。被视为佛经的《帕召列罗》(意译为《佛巡视世界》),实际上是一部傣文佛经神话集,主要讲述佛祖帕召古达玛巡视各地所发生的种种神话故事。这些神话传说多与当地的地名来历、名胜典故相联系,富有文学色彩,在傣族群众中具有相当的影响。佛教的本生故事也非常流行。傣文佛典中,属于小部经的《本生经》共收录了547个佛本生故事,广为人们所熟知,尤其是最后一个《维先多罗本生经》,深受信众的崇奉和喜爱,将其视作宗教规范来遵循,在佛事活动乃至日常生活、风俗习惯等方面都有较大的影响。傣族的许多民族节日,例如"进洼"(关门节)、"出洼"(开门节)、浴佛(泼水节)、塔摆(纪念释迦牟尼逝世)等,同时也都是佛教的宗教节日。

在云南西双版纳与双江等地,同傣族居民杂居的布朗族,受南传上座部佛教的影响也很深。大约在18世纪末,西双版纳的傣族封建主为了加强对布朗族的控制,派出佛教僧侣进入山区传教,经过四进三出的反复斗争,坝区的上座部佛教终于战胜了原始宗教信仰者的反抗,在布朗族聚居的山区扎下了根,并逐渐发展成为占统治地位的全民性的宗教信仰,几乎每个村寨都有佛寺。佛寺的形式、佛经、法器以及规章制度、宗教活动仪式等,均与傣族相同。寺内僧侣亦按社会等级制度分成小和尚、大和尚、二佛爷、大佛爷等各个不同的等级,不同等级的僧侣披不同套数的袈裟,袈裟上的条纹与方格也有差别,其升迁制度与傣族一样。

布朗人认为,佛与鬼神的意志是一致的。从佛爷(和尚)到波占、召曼(管理宗教事务的头人)都自称是神的代言人,是"帕召"的化身,是丢那(地方鬼)的代理者。融入原始宗教信仰的佛教对布朗人的生产、生活有着深刻的影响。春耕、播种、收割前往往都要由佛爷主持念经、占卜、祭祀等,这已经成为布朗族人的一种习俗。

除了傣族、布朗族以外,主要聚居于云南德宏傣族景颇族自治州户撒等地的阿昌族、德昂族也普遍信仰南传上座部佛教。阿昌族在教派、教规、宗教仪式等方面与傣族一致,德昂族则由于居住地不同而有所区别。德昂族一般村寨里佛寺很少,只有一个专门管占卦、择日、诵经并主持祭献的祭司,由笃信宗教、知识丰富的老人担任。德昂人相信灵魂不灭、生死轮回。认为天堂里住着天神,主宰着人类的命运,监视着人们的善恶行为,甚至主管各家各户的生男育女;地狱里也有专门的管事者,负责遵照天神的命令,惩罚有罪的灵魂,以使其得以超生。德昂人认为人世与阴间的界限是仙河。人临死时,要在其口中放入一枚银币,作为过仙河的摆渡钱。人死后要放入木制或竹篾编制的船形棺材,请佛爷择日安葬。棺材在德昂语中的含义是"船",是供死者灵魂渡仙河用的。停枢期间,每天早晚都要请佛爷念经超度。因难产、重症而死的实行火葬,以把附在死者身上的恶魔烧死。从这些信仰活动可以看到,德昂族的佛教与原始宗教的信仰也是密切结合在一起的。

上座部佛教在云南少数民族地区的传播,既具有各个民族的特色,也有一些文化共性,例如许多民族具有全民信仰的特点,同时,佛教信仰与当地的民风习俗结合紧密。典型的如佛教的宗教节日"浴佛节"与傣族喜迎新年的习俗结合在一起的"泼水节",现已成为充满南国风情的傣族全民共庆的最盛大的传统节日。

# 第十章 中国佛教文化的特点和价值

　　外来佛教传入中国后,经过数百年的发展,最终演变成为中国的民族佛教,成为中华传统文化的重要有机组成部分。中国特色的佛教文化在中外文化交流中曾发挥了巨大的积极作用,对世界佛教的发展也做了重要的贡献。内蕴丰厚的中国佛教文化在今天仍然有积极的意义和价值,在当代精神文明建设中能发挥积极作用。

## 一、中国佛教文化的主要特点与精神

　　中国佛教文化既继承了佛陀创教的根本情怀和印度佛教的基本精神,同时又吸收了中国传统思想文化的内容和方法,为适应中国社会的需要而有所发展,有所创新。在漫长的中国化过程中,中国佛教文化形成了许多鲜明的不同于印度佛教的思想特点与文化精神,其中最为突出的就是中国佛教所体现的面向现实社会人生的人文精神,它以积极入世的姿态,关注现实人生,强调佛性与人性的统一,注重人格的自我培养与自我完善,突出慈悲心与清净心,这是大乘佛教精神在中国的创造性开展。中国佛教的特点和精神在如下几方面得到了比较突出的体现。

1. 慈悲为怀的平等观念

佛教以慈悲为怀，要帮助人从苦难之中解脱出来。中国佛教的慈悲充分体现于以佛性论为基础的平等观念。中国佛教倡导"众生皆有佛性，顿悟即得成佛"的佛性论思想，以它特有的魅力而盛行于中土，成为中国佛教中最深入人心的思想之一。基于这种佛性论，中国佛教形成了独特的慈悲为怀的平等观念，这一观念又体现在众生平等和万物平等两个方面。

中国佛教强调人人皆有佛性、人人都能成佛的众生平等说，鼓励每个人靠自己的努力来实现解脱，这既是对佛教基本精神的继承和发挥，也特别反映了中国佛教融摄儒、道思想对个人道德完善和自我价值实现的追求。尤其是禅宗的"人虽有南北，佛性无南北"的观念，通过突出每一个自我主体而充分肯定了每个人在平常生活中解脱的可能性，把中国佛教的心性化、人本化倾向落实到了每一个凡夫俗子的当下之心与当下生活，其提倡的"即心即佛"、"人佛无异"、"凡圣平等"的佛性论，成为中国佛教的重要特点之一。

中国佛教不仅倡导有情众生具有平等成佛的可能性，而且还认为无情之物也有佛性，因此提出了万物平等的观念。例如天台宗和禅宗都有"无情有性"的思想，认为"青青翠竹，尽是法身；郁郁黄花，无非般若"。如果说众生有性是从根本上清除了任何个我中心主义的束缚，那么，无情有性则从根本上清除了任何人类中心主义的束缚，对今天的生态伦理学建设具有积极的借鉴意义。

2. 圆融和谐的文化精神

圆融和谐是中国化佛教的基本特色。中国佛教的圆融精神是在中国传统文化的中和、融摄精神基础上形成的，其实质是站在自身的文化立场上吸收融合不同思想文化中的合理要素。中国佛教圆融精神主要体现在由内而外的三个层次，即中国佛教在教理上的圆融，中国佛教在教派上的圆融，以及中国佛教与传统儒道文化的圆融。

中国佛教在教理上的圆融，这在魏晋南北朝佛学理论中就已有体现，例如东晋慧远将印度佛教的业报轮回思想同中国传统的灵魂不灭和善恶报应观念融合起来，提出了"形尽神不灭论"和"三报论"。隋唐宗派的佛学理论，更是建立在对佛教不同思想学说的融通基础上，体现出的圆融精神更为明显。例如天台宗提倡止观并重，调和南北学风，其教义学说上强调"三谛圆融"；华严宗依"法界缘起"而提出一切法都是相互贯通，相互包含，从而形成一个重重无尽的圆融无碍的大法界，在教义学说上则强调"六相圆融"。中国佛教宗派的这些思想学说，启发人们从差别中看到统一，而统一又不抹杀差别，这就是圆融和谐的基本含义。

中国佛教在教派上的圆融，从南北朝各种判教学说，就开始对佛教内部各种理论学说进行调和融合。隋唐创立的佛教各个宗派，更是都通过判教而抬高本宗，同时也对佛教内部的各种经典学说加以融合，甚至还将佛教之外的儒道等思想会通起来。

中国佛教与传统儒道文化的圆融，表现在佛教传入中国以后，以"随机"、"方便"为理论依据，努力调和与儒道的差异冲突，不断援儒道等传统思想入佛，极力论证佛教与传统儒道在根本宗旨上的一致性，从而最终在宋代以后形成了"三教合一"的社会文化思潮。

### 3. 救世度人的人文精神

中国佛教在与传统儒道的融合中,将印度佛教中蕴含却未充分发展的对人及人生的关注与肯定作了充分的拓展与发挥,最终形成了它鲜明的面向现实社会人生的人文精神,并与儒道融合互补,在现实的社会人生中分别发挥着各自不同的作用。例如中国化最为典型的禅宗,一方面破除了对佛祖等外在权威的迷信和崇拜,强调每个人的自性自度,自心觉悟,另一方面又将解脱理想融化于当下的现实人生之中,把修道求佛的修行贯穿在平常的穿衣吃饭之间。在肯定人、人性和人的生活的基础上,进一步强调了"出世不离入世",反对离开现实的社会人生去追求出世的解脱。宋明以后,"世间法则佛法,佛法则世间法","舍人道无以立佛法"等更成为中国佛教界的普遍共识。主张"出世"的佛教在中国则最终转向了"入世"而面向人生。

中国佛教的现实性品格,使其与社会伦理发生了密切的关系。中国佛教的伦理精神特别融合吸收了中国传统的儒家世俗伦理,这在中国佛教伦理的善恶观、戒律观、修行观和孝亲观中均有具体体现。特别是中国佛教对孝亲观的强调,认为孝道是天下之大本,在戒孝关系上,提出了"孝也者,大戒之所先"的观念,并把对父母的孝顺推及一切有情众生,从而又发展了传统儒家的"仁爱"观,体现了佛教的慈悲精神。

### 4. 简捷易行的实践方式

佛教传入中国后,其理论和实践虽然都有更进一步的发展,但在中国得到最广泛流传的却是印度佛教中所没有的禅宗和净土宗,而这两个佛教宗派都以理论的简要和修行方式的简易为特色。禅宗以"不立文字"为标帜,以自性"顿悟"来统摄一切传统的修持形式与修持内容,并以中道不二为指导破除了对读经、坐禅、出家、戒行等传统佛教的修行方法的执著,从而更好地适应了中土社会和广大民众的需要,促进了佛教在社会中的广泛传播。净土宗则提倡一心专念阿弥陀佛名号的"念佛"法门,认为如此则能在死后往生西方极乐世界。这种简便易行的念佛法门特别适合文化水平不高的老百姓追求解脱的心理需要,故在中国社会中得到了迅速的传播。唐宋以后,天台、华严、唯识等宗派都趋于衰落,而理论简易、法门简便的禅宗和净土宗却仍在社会上广为流传。入宋以后,禅净融合逐渐成为中国佛教发展的主流,它从一个侧面反映了中国佛教的简易性趋向。

## 二、中国佛教文化的信仰特色及价值

佛教虽有"哲学的宗教"之称,但它作为一种宗教文化,信仰毕竟是其核心的内容,对人能够觉悟解脱的信仰构成了佛教的本质特征。但佛教与一般宗教的重要不同之处在于,它的解脱是"慧解脱",并最终把解脱归结为是"心"的解脱,佛教的全部学说,都是围绕着如何通过信奉佛法而修行从而获得智慧实现解脱这一根本目标展开的。中国佛教的信仰与中国本土固有的宗教观念和信仰相结合,也形成了自己的一些特色。中国佛教文化的信仰特色有三个方面比较突出。

一是三世轮回的善恶报应论。佛教的重要特点是通过三世业报轮回说而把人们引向"诸恶莫作,众善奉行"的人生道德实践,以追求永超苦海的解脱。这种教义与中土原有的"积善之家,必有余庆;积不善之家,必有余殃"的善恶报应论认为父母作善恶、子孙会受报,以及赏善罚恶乃"天地罚之,鬼神报之",即有外在的力量或主宰不同,佛教强调的是过去、现在、未来三世轮回的业报,以及业报的"自作自受",并且没有外来的赏善罚恶者,是"本以情感而应自来,岂有幽司?"这种教义经过中国佛教思想家融会中印思想而形成的天堂地狱那一套轮回报应说,成为中国佛教的基本信仰。这种信仰蕴涵着中国佛教文化的独特精神,即强化道德行为的责任感、每个人需对自己的行为负责。这表明,弘扬优秀中华传统文化,需要我们深入挖掘包括佛教在内的各种文化内蕴的积极的文化精神并进行适合现代需要的创造性转化。

二是佛菩萨崇拜。由于中国传统宗教有着神灵崇拜的悠久历史,当人们用传统的宗教观念去理解并接受佛教时,就会把佛教视为神仙方术的一种,认为佛陀能分身散体,飞行变化,通过祭祀能向佛陀祈求福祥,这具体表现为延续至今的民间的菩萨信仰和烧香拜佛活动。在中国,四大菩萨(文殊、观音、普贤、地藏)及其显灵说法的四大名山(五台、普陀、峨嵋、九华)几乎家喻户晓,其中大慈大悲、救苦救难的观音菩萨的形象更是深入人心,受到普遍的崇奉、信仰和喜爱,这既表达了人们对生活的美好愿望,也体现了中国传统宗教和哲学都以现实社会和人生的生存与幸福为出发点和归宿的中国文化的独特精神。

三是人的解脱即心的解脱。中国佛教与儒、道有着很强的互补性，它们分别在经国、修身和治心方面发挥各自独特的作用，如古人所说"以佛治心，以道治身，以儒治世"，虽然这种区分只是相对的，因为儒佛道三教在历史的演变中往往形成了你中有我，我中有你的复杂性，但中国佛教在印度佛教强调"人的解脱即心的解脱"的基础上，进一步对人心、佛性和解脱做了特别的发挥，从而创立了像禅宗这样的"心的宗教"（在中国流传最广、影响最大的佛教宗派禅宗也称"心宗"，传禅也称"传心"，解脱的境界就是心的开悟），并由"唯其心净，则佛国清净"发展出了人间佛教和建立人间净土，从而为佛教更好地与社会主义社会相适应提供了重要的思想基础，也为保持人的心地清净、提升人的精神境界提供了思想文化资源。

## 三、中国佛教的对外交流与世界性贡献

中国佛教文化是中外文化交流的重要载体。上千年的中国佛教文化发展史，也是中国佛教文化的对外交流史。从两汉之际的佛教东渐，到法显、玄奘等西行求法；从隋唐时期佛教中国化的完成，四方学僧来华求法，到鉴真东渡、弘法扶桑，中国佛教各宗在海外广泛传播，中国佛教经历了一个中外文化双向交流的过程，通过这种交流，中国佛教文化自身日益丰富璀璨，同时也对世界佛教的发展作出了巨大的贡献。

中国佛教文化的对外交流，大致可以分为两个阶段。第一阶段从两汉之际佛教传入中国到唐初玄奘、义净取经归

来，这是佛教东渐与西行求法阶段，以接受、学习、消化印度佛教文化为主。第二阶段从唐初至近代，是中国成为世界佛教中心，并大力向外传播的阶段。绵延不绝的西行求法运动为我们带来了异域的文化，而以传播佛法为目的的东渡又将博大精深的华夏文明远播于海外。下面主要以法显、玄奘、义净和鉴真为主要代表来展开论说。

1. 佛教东渐与西行求法

两汉之际，佛法东渐。大批印度和西域僧人纷纷来华，译经传教。随着佛教在中土的传播发展，人们对佛教的兴趣日增，到三国时，终于促成了中土人士西行求法的开始。两晋时，中国佛教徒中兴起了一股西行求法的热潮，其中以法显的成就为最大。

东晋时的法显（约337—约422）是中国历史上有记载的第一位西行求法到达印度本土的中国人。法显常感慨中土律藏残缺，誓志寻求，遂于东晋隆安三年（399年）和慧景等四人从长安出发，开始西行旅程。一路上，人烟稀少，道路艰难，有些地方甚至"上无飞鸟，下无走兽"，只能靠沿途的森森白骨辨认方向。他历尽艰险，九死一生，终于在402年到达古印度。在这里，他认真学习梵书、梵语，抄写了《摩诃僧祇众律》《萨婆多律抄》等戒律以及《杂阿毗昙心》《方等泥洹经》《摩诃僧祇阿毗昙》等佛典。为了使佛教戒律流通汉地，法显于408年单独返国，途经狮子国（今斯里兰卡），又求得《弥沙塞律》《长阿含经》《杂阿含经》《杂藏》等经典。后乘商船东归，终于在义熙八年（412年）于山东青岛崂山南岸登陆回到国内。

法显这次西行前后历时 14 年,游经 30 余国,启程时尚有同伴随行,而返国时却只有年过古稀的法显一人。法显本想前往长安,但北方交通阻塞,为了译经,他南下赴晋都建康(今江苏南京),在道场寺会同佛陀跋陀罗及宝云等,共译出六卷本的《大般泥洹经》《摩诃僧祇律》《方等般泥洹经》《杂藏经》《杂阿毗昙心论》。此外,他还将自己的行旅见闻记录下来,这就是著名的《佛国记》,又称《法显传》。

法显西行求法在中外文化交流史上具有重要意义。首先,法显是中国第一位真正到达印度本土的僧人,并成功携经回国。其次,法显带回了在中土产生深远影响的《摩诃僧祇律》和《五分律》以及《大般泥洹经》等佛教经典,推动了中国佛教的发展。再次,法显回国后所撰写的《佛国记》在中外交通史上占有重要地位。该书记载了法显西行的路线,并介绍了西域、印度诸国的气候、地理、风土人情,而且还着重记载了佛顶骨精舍、佛齿塔、佛陀成道处等佛教圣迹,既是中国现存史料中有关中国与印度、巴基斯坦、斯里兰卡等国家海陆交通的最早、最详实的记录,也是亚洲佛教的重要史料。

法显不惧艰险、万里求法的开拓精神,激励着一代代中国僧人西行求法,为中国佛教史、中印文化交流史留下了浓墨重彩的一笔。继法显之后,西行求法者,代不乏人。唐代时中国僧人赴印求法者更为踊跃,达 52 人之多。其中最杰出的代表是玄奘和义净。

玄奘(602—664)是中国历史上最伟大的西行求法者,通过小说《西游记》讲述的唐僧故事,在中国可以说是家喻户晓、妇孺皆知。唐僧在前往西天取经的路上经历了九九八十一难,遇到过金钱的诱惑、权力的诱惑、美女的诱惑,更有数不清的艰难险阻,多次危及生命,但他不为所动,一心向佛,最终带领着由孙悟空、猪八戒和沙和尚组成的团队来到大雷音寺取得真经。

历史上的唐僧原型玄奘,少年时就随兄长在洛阳出家,后遍访名师,但深感当时佛教义学混乱。为了解答佛学中的疑难问题,怀抱统一佛法的宏愿,在法显等前贤的感召下,他毅然踏上了西行求法之路。玄奘于贞观初年从长安出发,曾孤身进入被称为"八百里沙河"的莫贺延碛(古称沙河,在今新疆哈密以南)。在沙漠中,他闯过了五座烽火台,有一次四夜五天滴水未沾,幸老马识途,方死里逃生,他历经艰辛,终于来到印度。玄奘入印以后,边旅行边参学,并广礼圣迹,又辗转数十国,最后于贞观七年(633年)到达了他西行求法的主要目的地那烂陀寺。那烂陀寺是当时规模宏大、名师辈出的印度佛教最高学府,寺院主持戒贤法师年逾百岁,是五印度公认的佛学权威。玄奘师从戒贤,遍览寺内珍藏的各种佛典,研究了印度佛教各家各派的学说,还兼通了婆罗门教经典和五印度各国语言。五年后,玄奘向戒贤辞行,此后至东印、转南印、折向西印、复归中印,一路游历参学。每到一地,他都虚心向有名学者请教,阅读那里收藏的佛典及各种书籍。他还注意观察和记录各地的地理、历史、宗教、语言以及风土人情、物产、气候等,丰富自己的佛教知识。641年,40岁的玄奘经过前后4年的游学再回到那烂陀寺后,应戒贤之请,在该寺开讲大乘经典,受到高度评价。次年,羯若鞠阇国戒日王在曲女城召开全印无遮大会,与会的有五印度十八国的国王,各国高僧、学者及大小乘佛教徒 4000 多人,其他教徒 2000 多人。玄奘作为"论主",发表了自己的著名论文《制恶见论》并作演讲,从各方面驳斥了小乘佛教及其他宗派对大乘佛教的攻击。18 天之内,没有一个人能够反驳。玄奘成了全印度学识最渊博的僧人,受到大小乘僧人的共同推崇,为自己、也为中国人赢得了极大的荣誉。贞观十九年(645 年),玄奘满载着名震五印的声誉,携带着大批经像,回到了长安。他西行求法,往返 17 年,行程 5 万里,"所闻所履,百有三十八国",其中"亲践者一百一十国,传闻者二十八国",其带回佛典 520 夹,657 部,此外还有大量佛像和佛舍利等。

玄奘西天取经,在吸收国外优秀文化的同时,还向西域及印度各国宣传了中国的悠久历史和经济、政治、文化等方面的状况,介绍了唐王朝统一中国的业绩,大大增进了中国人民与西域、印度各国人民之间的了解和友谊,这是中外文化交流史上的一次空前伟大的壮举。玄奘回国后把主要精力都用于翻译佛经上,他的译经质量,达到了前所未有的水平,在中国译经史上开创了一个新时代。由玄奘口述、其弟子辩机笔录完成的《大唐西域记》十二卷,则成为珍贵的中华传统文化名著。

唐代义净(635—713)是玄奘之后又一位赴印求法的高僧,与法显、玄奘并称三大求法僧,在中印文化交流史上写下了光辉的一页。义净所撰写的《南海寄归内法传》和《大唐西域求法高僧传》是研究中外交通史、佛教史的重要文献。《大唐西域求法高僧传》记载了玄奘回国(645 年)后半个世纪以来 57 名僧人海外求法的事迹和路线。书中除了记有经西域、吐蕃、尼婆罗到印度的道路,还详细记述了海路经南海诸国到印度的交通情况。此前玄奘的《大唐西域记》对南海地区的记述比较少,所记国名也是听说来的,地理位置也不太准确,而义净的记载恰好能与之相互补充印证。他对南海诸国特别是对室利佛逝的记述仍是迄今为止最权威的资料。

2. 四方来朝与东渡传法

隋唐时期,是中国佛教的黄金时代。国家的统一,经济的繁荣,外交的发达,使南北朝时期发展起来的中国佛教从印度佛教中完全独立出来,形成了本土的中国佛教宗派而达到鼎盛。作为佛教发源地的印度,其佛教则在 8—9 世纪以后逐渐衰败,至 12 世纪末濒于消亡。中国实际上成了世界佛教的中心。许多国家纷纷派遣留学僧到中国学佛,中国僧人也应邀到国外弘传佛法。通过中外僧人的友好交往,中国佛教文化不仅远播朝鲜、日本、越南等地,而且对印度、柬埔寨、印尼、缅甸、泰国的佛教也有影响。中国佛教文化的对外传播,对那些国家的哲学、政治、文学、艺术等各个方面产生了巨大的影响。中国佛教文化通过持久的对外交流,为世界佛教文化的发展作出了巨大贡献。

在中国东渡传法的僧人中,以鉴真最为知名。鉴真(688—763),江苏扬州人,14 岁随父到扬州大云寺出家,曾在长安、洛阳等地游学,从许多名师受教。他勤学好问,不拘泥于门派之见,广览群书,除佛经之外,在建筑、绘画,尤其是医学方面,都具有了一定的造诣。随后不久便誉满江淮,成为当地的佛教领袖。当时日本佛教刚刚兴起,戒律不足,鉴真应日僧荣叡、普照之邀，毅然决定赴日传授戒律。从天宝元年(742 年)至天宝九年(750 年)，鉴真一行五次东渡，皆因人事纠纷、风浪险恶等种种逆缘而遭到失败，但鉴真并未因此而动摇东渡传戒的宏愿。天宝十二年(753 年)，66 岁高龄的鉴真应日本遣唐使的再次邀请，开始了第六次东渡。他们从扬州出发，乘坐日本使船，取道苏州黄泗浦(今江苏张家港)东航，终于在一个月后到达日本九州，次年到达难波(今大阪)、奈良，受到日本朝野僧俗的盛大欢迎。鉴真六次东渡，五次失败，前后长达 12 年，可谓出生入死，历尽艰辛，最后终于到达日本，表现了惊人的毅力和崇高的精神。

日本天皇派特使宣读了慰劳鉴真的诏书，并请他在奈良东大寺设坛传戒。鉴真为圣武天皇、光明皇后及皇太子(即孝谦天皇)授大乘菩萨戒，80 多名日本僧人在与鉴真、普照辩论后深深为之折服，舍弃旧戒而重受戒。这是日本有正规授戒之始。天平宝字三年(759 年)，鉴真指导弟子在奈良建成唐招提寺，开设戒坛，前后为 4 万多人授戒。鉴真成为日本律宗的始祖，唐招提寺则成为日本律宗的本山。天皇号召全国，凡出家者，必须先入唐招提寺从鉴真大和尚学习戒律。自此，四面八方的僧尼纷纷来此学戒，络绎不绝。两年后，鉴真又在下野的药师寺、筑紫的观音寺各建戒坛一所，与东大寺戒坛合称日本三戒坛。

鉴真对于中日佛教文化交流的贡献是多方面的。首先，鉴真将大批律宗经典带到日本，开日本正式授戒之始，是日本律宗的实际创立者。他所传的戒律，经弟子们继续传播，确立了律宗在日本佛教中的地位。博通三藏的鉴真及弟子还带去了以天台三大部为主的天台章疏，为日本天台宗的创立做了具有开拓性的工作。日本天台宗的开创者最澄在入唐之前曾研习过鉴真带去的这些天台经典。鉴真在双目失明之后，以惊人的记忆力校正日本东大寺所藏的佛教经论，并率众开写大藏经5048卷，对日本佛教的发展起了极大的推动作用。

其次，鉴真到日本后，设计及领导建造了日本著名的唐招提寺。寺内的金堂，是座单檐歇山顶式的佛堂，被誉为日本天平时代最大最美的建筑物。这座建筑经历了1200多年的风雨，特别是在日本近畿地震中，周围其他建筑尽被毁坏，唯独金堂完好无损，至今屹立在唐招提寺内，成为日本现存最古老的木结构佛教建筑之一，也是研究了解中国唐代佛教建筑艺术最有价值的珍贵实物之一。

鉴真及其弟子在雕塑艺术上也留下了宝贵的遗产，例如唐招提寺金堂内供奉的卢舍那大佛坐像、药师如来像、千手观音菩萨像，尤其是思托等人所造的鉴真夹纻坐像。这种夹纻法早在我国东晋时就已出现，到唐朝时技术已达到很高水平。鉴真及弟子将这种雕塑艺术在日本推广并发扬光大，对日本天平时代的雕塑产生深刻影响。

再次，鉴真在第六次东渡之时，携带了王羲之、王献之的书法真迹以及其他各种书法50帖。这对日本书道的形成起了极大的促进作用。鉴真本人也极具书法造诣，其"请经书贴"被誉为日本国宝。

最后，鉴真将丰富的医药学知识和高超的医疗技能传入日本。鉴真从中国带去的一些药方，至今仍为日本部分地区沿用。因此,鉴真被誉为"日本汉方医药之祖"。17、18 世纪时,日本药店的一些药袋上还印着鉴真的图像,可见影响之深。

3. 中国佛教的世界性贡献

中国佛教文化的对外交流,为世界佛教的发展作出了巨大的贡献。其主要表现在:

第一,中国佛教是日本、朝鲜、越南佛教各宗派的主要渊源。隋唐时形成的中国佛教各宗派,通过各国留学僧的来华参学与中国僧人的出国弘法,在日本、朝鲜、越南等国广为传播。日本奈良时期流行的三论、成实、法相、俱舍、华严、律等六宗,都是原原本本从中国引进的。平安时期的"入唐八家",其师承均在中国。日本佛教各宗的创始人及其重要传人,差不多都到中国留过学,有的直接就是东渡日本的中国高僧。朝鲜、越南佛教的情况也大抵如此。如高丽的三论宗名僧慧灌、道登,都曾到长安从嘉祥寺吉藏受学;被称为东海华严初祖的新罗高僧义湘,曾从长安至相寺智俨学法。其他如新罗的慈恩宗、律宗、禅宗、密宗,越南佛教的禅宗前派、禅宗后派、雪窦明觉派、竹林临济禅等,也都是由赴华留学僧或中国出国弘法僧及其弟子开创的。这些佛教宗派大多模仿中国佛教的模式,建立自己的礼仪清规、组织制度。日本佛教经典的翻译、解释以及寺院戒律等,都带有浓厚的中国色彩,这样,就使周边各国佛教宗派从其建立之始就处在一个较高的发展水平上。

第二,中国佛教文化的全面输出直接促进了周边国家佛教文化的繁荣。中国汉文大藏经,包括唐、宋、辽等各个朝代的不同版本,曾多次传到日本、朝鲜等地。各佛教宗派的完备章疏,有力地促进了输入地佛教理论的发展。中国佛教的寺塔建筑、雕塑、绘画等方面的高超技艺,有力地促进了输入国佛教艺术水平的提高。鉴真带往日本的工匠中有雕塑师、玉作人,这些掌握了盛唐雕塑艺术的民间艺术家及其创造的艺术品,有力地推动了日本造像艺术的发展。鉴真弟子义静塑造的卢舍那大佛坐像,面部庄严肃穆,整体精细和谐,线条柔和洗练,样式新颖,风格别致,是盛唐雕塑艺术东传的代表作,至今仍列于日本国宝的中央。日本画史上先后出现的"大和法"、"绘物卷",就是在鉴真所传奈良朝"唐绘"的基础上发展起来的。汉语在日僧中广泛流行,不仅为日本吸收中国文化提供了很大方便,对日本汉文字的发展也是一个推动。此外,中国佛教在天文、医药、音乐等方面的技艺,也对输入国产生过积极影响。

第三,中国佛教的传入对当地的民风习俗产生重要影响。随着中外佛教文化的广泛交流,中国的许多生活习俗也影响到周边的国家。例如718年,日本政府令百姓皆仿照唐服,向右开襟。这种式样后来演变为日本的和服。中国茶叶在日本的流传也与佛教有关。大约在7世纪末或8世纪初,茶叶由中国传入日本,流行于佛寺和宫廷之中。815年,曾经留学唐朝的日僧都永忠向日本天皇献茶。喜爱唐文化的嵯峨天皇敕令畿内近江、丹波、播磨等地种植茶叶,作为贡物。1108年,日僧荣西来到浙江明州(今宁波),读经之余,对中国江南的茶叶进行了一些研究。回国时,带去大量茶叶和茶种。荣西在精修禅学的同时,著《吃茶养生记》二卷,介绍饮茶的益处。从此，茶叶在日本广为流传，《吃茶养生记》成了日本"茶道"之根本经典。16世纪，千利修居士配以和、敬、清、寂的茶道思想，从理论与实践上完成了日本茶道的创造，被奉为日本茶道的宗师。

日本独特的插花艺术"花道"，也是中日佛教文化交流的成果。它最早起源于供佛插花，后来随中国佛教的东传进入日本。到了镰仓时代（1192—1333），供佛插花演变为供人欣赏的插花艺术，并逐渐形成插花的理论——"花道"，在日本普及开来。

特别值得一提的是，中国佛教传入日本、韩国等国家和地区，不仅对东亚地区的佛教传播产生了决定性影响，而且对各国之间的友好交往也产生积极作用。1993年，时任中国佛教协会会长的赵朴初提出："中日韩三国的佛教文化是我们三国人民之间的黄金纽带，源远流长，值得我们珍惜、爱护和继续发展。"赵朴初将佛教比作中日韩三个国家的"黄金纽带"，表达了深入发展佛教交流、促进各国友好交往的构想，得到了韩国和日本方面的赞同和共鸣。这也充分体现出了历史上的佛教曾是中外交流的重要媒介，佛教作为中国与世界交流的纽带在未来也必将发挥更大的积极作用。

## 四、中国佛教文化与当代精神文明建设

具有中国特色的中国佛教文化，对现代社会和人生，以及当代的文明对话和精神文明建设，都具有重要的意义和价值。

　　首先,中国佛教文化特色的形成过程及规律对于今天认识文化交流与文化精神之间相互作用的关系、谋求不同文化之间的和谐共存与协调发展具有启迪意义。中国佛教文化的特色是外来佛教在与中国传统儒道等思想文化碰撞、冲突、交流到最终共存、融合过程中形成的。中国佛教文化特色的形成过程及其规律对于当今全球化背景下不同宗教和文化之间的平等交流、和谐共生、互补融合及其文化精神的形成具有重要的启迪意义。

　　其次,中国特色的佛教文化所表现出来的圆融精神,在对待不同文化的态度上强调适应、调和、包容、融合,在理论思维上强调不同学说之间的一致性、统一性,在理论体系的建构方面,突出对不同学说的会通与理论体系的整体性,注重对不同方面的融通等,对于今天促进不同文化的交流、包容和协调具有重要意义。当代世界的发展存在着经济全球化的趋势,不同文化之间的交流也日益频繁,但同时也使不同文化之间的差异更加明显,冲突更加突出。中国佛教文化的圆融精神所体现出来的对不同文化、不同思想学说的包容、吸收和容纳的态度,对于今天多元文化并存的态势下促进不同文化之间的交流、包容和协调具有重要的意义。

　　第三,中国佛教文化的伦理精神在当代社会道德伦理建设中依然具有现实意义。例如:中国佛教伦理的入世精神、人本观念有助于中国佛教伦理在当代关注全球化过程中以及我国现代化建设中面临的种种现实问题——全球性生态环境问题、不同民族和不同宗教文化的矛盾冲突问题、新的社会环境下人的自我失落与自我膨胀问题等,从而更好地促进全球新秩序和我国和谐社会的建设;中国佛教伦理建立在心性自觉观念基础上的道德自觉自律精神,对于当代社会的道德和文化建设,能够从自身的文化维度,提供一种人本立场的道德主体意识和道德主体精神;而中国佛教伦理中对宗教解脱的追求,作为一种终极关怀,也可以帮助人们超越对世俗名利的执著,促进人自身的精神和谐与社会和谐;中国佛教的平等慈悲观则对当代社会缓和社会矛盾、等级差异,巩固和平,保护野生动物,维护生态平衡、进行环境保护,具有不可忽视的积极意义;而中国佛教伦理中蕴含的大乘佛教自利利他的思想,也可以为当代社会处理个人与他人、个人与社会关系的行为准则所借鉴吸收,从而促进和谐社会的建设。

第四,中国佛教的人文精神对于佛教适应当代社会需要,发挥自身在我国社会主义现代化建设中的积极作用具有现实意义。中国佛教对中国传统文化人文精神的融合吸收,在历史上促进了中国佛教对中国社会文化环境的适应,有利于佛教在传统社会文化环境中发挥自身的现实作用。中国佛教的人文精神具有自身的思想特质,是立足主体自身精神超越的追求,是出世与入世、追求精神解脱与关注现实社会人生的结合,中国佛教精神的这一特质在当代对于个体立足自身精神修养,积极参与现实社会事业,形成积极向上的人生观具有现实意义。

第五,中国佛教在长期演变发展过程中,既继承了佛陀创教的情怀和佛教的根本精神,又形成了它独具的中国特色,并使佛教中有价值的东西在中国社会中得到了更好的拓展,在与儒、道等思想文化的融合互补中发挥了其不同的独特作用。例如,中国佛教一方面打上了传统文化的烙印,具有"出世不离入世"的现实主义品格,另一方面,它"入世以求解脱"的终极理想又使它能够以一种超脱此岸的超越精神来审视整个现实的社会人生,使人不至于过分沉溺于世俗的物欲而不能自拔,不至于为此生此世的不如意而过分烦恼。在现实生活中,人的需要是多方面的,有物质的,有精神的,而需要的不能充分被满足又是经常性的;人生的道路也是曲折而复杂的,有顺境,也有逆境,而这种顺、逆在很多情况下又不是个人主观选择所能直接决定的。佛教的万法皆空、唯心净土、随缘任运、心不执著、众生即佛以及天堂地狱的轮回报应说等,既可以给逆境中或欲求得不到满足的人以精神安慰与向往(当然有时候也会是精神麻醉),也可以帮助人以出世的心态来超然处世,化解入世与避世的矛盾对立,从而凡事既积极进取,又在精神上超越成败得失,无所烦恼,保持心地的清净。这无论是对个体的生存还是对整个社会的稳定,都是有一定意义的。可见,即使对于非佛教信徒而言,佛教仍然是有其独特价值的。

在历史上,作为与儒、道文化一起被认为是中华传统文化三大主干之一的中国佛教文化,曾对中国人的心理调控和人生价值的追求发生过重要的影响和作用。所谓"以佛治心,以道治身,以儒治世",儒佛道三教文化融合互补,对现实的人生和现实人格的培养都是有意义的,它要求人既入世有为,积极进取,又在精神上超越成败得失,无所烦恼;既有一种社会责任感,又保持人格的独立和心灵的清净。对这样一份中华文化遗产，理应进行创造性转化和创新性发展，使之在今天继续发挥积极的作用。

在物质财富和人的物欲同步迅速增长的当今之世，在人们追求外在的财富而忘却自身内在的价值和"人"的生活的时候，弘扬包括中国佛教在内的传统文化的人文精神等优秀精华是十分重要的，它将有助于我们在现代社会确立或找回自我，丰富并充实人生。同时，在实现中华民族伟大复兴"中国梦"的今天，它也将为中外文化的交流和培育并践行社会主义核心价值观发挥积极作用。中国佛教文化对于当代精神文明建设仍具有重要的意义和价值。

# 教育部哲学社会科学研究普及读物书目
## （有 * 者为已出书目）

**2012 年度**

《马克思主义大众化解析》 陈占安

\* 《马克思告诉了我们什么》 陈锡喜

《为什么我们还需要马克思主义——回答关于马克思主义的 10 个疑问》
　　陈学明

《党的建设科学化》 丁俊萍

\* 《〈实践论〉浅释》 陶德麟

《大学生理论热点面对面》 韩振峰

\* 《大学生诚信读本》 黄蓉生

《改变世界的哲学——历史唯物主义新释》 王南湜

《哲学与人生——哲学就在你身边》 杨耕

\* 《人的精神家园》 孙正聿

\* 《社会主义现代化读本》 洪银兴

《中国特色社会主义简明读本》 秦宣

《中国工业化历程简明读本》 温铁军

《中国经济还能再来 30 年快速增长吗》 黄泰岩

《如何读懂中国经济指标》 殷德生

\* 《经济低碳化》 厉以宁　傅帅雄　尹俊

《图解中国市场》 马龙龙

\* 《文化产业精要读本》 蔡尚伟　车南林

\* 《税收那些事儿》 谷成

\* 《汇率原理与人民币汇率读本》 姜波克

\* 《辉煌的中华法制文明》 张晋藩　陈煜

\* 《读懂刑事诉讼法》 陈光中

\* 《数说经济与社会》 袁卫　刘超

\* 《品味社会学》 郑杭生等

\* 《法律经济学趣谈》 史晋川

《知识产权通识读本》 吴汉东

《文化中国》 杨海文

*《中国优秀礼仪文化》 李荣建

*《中国管理智慧》 苏勇 刘会齐

*《社交网络时代的舆情管理》 喻国明 李彪

*《中国外交十难题》 王逸舟

*《中华优秀传统文化的核心理念》 张岂之

*《敦煌文化》 项楚

*《秘境探古——西藏文物考古新发现之旅》 霍巍

《民族精神——文化的基因和民族的灵魂》 欧阳康

*《共和国文学的经典记忆》 张文东

*《中国传统政治文化讲录》 徐大同

*《诗意人生》 莫砺锋

*《汉字史画》 谢思全

*《"四大奇书"话题》 陈洪

*《生活中的生态文明》 张劲松

《什么是科学》 吴国盛

*《中国强——我们必须做的100件小事》 王会

*《我们的家园:环境美学谈》 陈望衡

《快乐阅读》 沈德立

*《让学习伴随终身》 郝克明

《与青少年谈幸福成长》 韩震

*《教育与人生》 顾明远

*《师魂——教师大计师德为本》 林崇德

《现代终身教育理论与中国教育发展》 潘懋元

*《 我们离教育强国有多远》 袁振国

《通俗教育经济学》 范先佐

《任重道远:中国高等教育发展之路》 李元元

## 2013 年度

*《法律解释学读本》 王利明 王叶刚

*《中国特色社会主义经济学读本》 顾海良

*《走向社会主义市场经济》 逄锦聚 何自力

*《中国特色政治发展道路》 梅荣政 孙金华

《发展经济学通俗读本》 谭崇台 王爱君

*《"中国腾飞"探源》 洪远朋等

*《舌尖上的安心》 乔洁等

**2015 年度**

《我们为什么需要历史唯物主义》 郝立新

*《全面建设小康社会中的农民问题》 吴敏先等

《法治政府建设的基本原理与中国实践》 朱新力

《走向全面小康的民生幸福路》 韩喜平

《我们时代的精神生活》 庞立生

《为什么南海诸岛礁确实是我们的国土?》 傅崐成

《生活在"网络社会"》 陈昌凤

《中国古代发达的农业和农业文明》 贺耀敏

《你不能不知道的刑法知识》 王世洲

*《中美关系:故事和启示》 倪世雄

《如何提高创新创业能力》 赖德胜

《身边的数据会说话》 丁迈

《中国与联合国》 张贵洪

*《中国特色的佛教文化》 洪修平

《敦煌与丝绸之路文明》 郑炳林

《艺术与数学》 蔡天新

《走近档案》 冯惠玲

*《中华传统文明礼仪读本》 王小锡 姜晶花

《重建中国当代伦理文明与家教门风》 于丹

*《文化兴国的欧洲经验》 朱孝远

《中国人民伟大的抗日战争》 陈红民

*《心理学纵横谈》 彭聃龄 丁国盛

《教育振兴从校园体育开始》 王健

*《核心素养及其培育》 靳玉乐 张铭凯 郑鑫